经济学入门

刘雯◎著

哈尔滨出版社
HARBIN PUBLISHING HOUSE

图书在版编目（CIP）数据

经济学入门 / 刘雯著 . -- 哈尔滨 : 哈尔滨出版社，
2025. 1. -- ISBN 978-7-5484-8244-4

Ⅰ . F0-49

中国国家版本馆 CIP 数据核字第 2024MD9389 号

书　　名：**经济学入门**
JINGJI XUE RUMEN

作　　者：刘 雯 著
责任编辑：李维娜　王嘉欣
封面设计：仙　境
内文排版：张艳中

出版发行：哈尔滨出版社（Harbin Publishing House）
社　　址：哈尔滨市香坊区泰山路 82-9 号　　邮编：150090
经　　销：全国新华书店
印　　刷：三河市龙大印装有限公司
网　　址：www.hrbcbs.com
E-mail：hrbcbs@yeah.net
编辑版权热线：（0451）87900271　87900272
销售热线：（0451）87900202　87900203

开　　本：710mm×1000mm　1/16　　印张：15　　字数：145 千字
版　　次：2025 年 1 月第 1 版
印　　次：2025 年 1 月第 1 次印刷
书　　号：ISBN 978-7-5484-8244-4
定　　价：48.00 元

凡购本社图书发现印装错误，请与本社印制部联系调换。
服务热线：（0451）87900279

前　言

英国经济学家凯恩斯说："经济学家和哲学家的思想，不论是对是错，其力量都比人们以为的要大得多。其实，世界就是由这些思想统治的。"

在很多人眼里，经济学并不是什么正式的科学，而是一系列替资本家说话的学问和体系。这种论调，往往忽略了经济学的复杂性，也辜负了那些深入研究经济学的人的初衷。真正的经济学，并不是躺在书本里的神秘理论，它存在于我们生活的方方面面。工作、学习、生活、投资、消费等，都与经济学息息相关。经济思维不仅决定了我们的生活，而且决定了我们的人生是否幸福。

当你走进一家大型超市，看到大促销"买一赠一"活动，这就是消费经济学里的内容，懂得了商家背后"低价大甩卖"的秘密，就不会冲动购物；当听到老一辈人谈论股票都"胆怯"和"迷茫"时，才懂得经济学的知识可以帮助我们更好地理财与投资；当人们在复杂的信息中面临两难境地时，也可以利用经济学"权衡取舍"原理来做出选择。

事实上，大到全球的金融危机、国家的宏观调控，小到大众的投资理财、日常消费，都隐藏着深奥的经济学原理。

学习经济学，并不是为了经济学的学术研究，而是为了看透生活中的经济现象，以便把握经济活动背后的生活规律与真相，更好地处理与经济相关的问题。

经济学的本质，就是实现资源的优化配置与优化再生，所以，能够像经济学家一样去思考是非常必要的。无论是企业家，还是消费者；不论是买房买车，还是买肉买鱼，都需要了解经济学的思维方式。只有这样，才能更好地帮助我们认识生活中的经济行为，才能使我们成为"理性经济人"。

薛兆丰说："经济学是社会科学皇冠上的明珠。"经济学并不晦涩。经济学原理可以运用到生活的方方面面，无论处在人生的哪个阶段，都不会为懂点经济学后悔。

《经济学入门》作为一本经济学入门读物，旨在以简单、通俗的语言，深入浅出地介绍经济学基础规律与原理，即便是从未接触过经济学的人士，也可以快速建立一个基础的经济学知识框架。

全书通过对 51 个经济学知识点的描述与讲解，阐述深奥的经济学秘密，探讨经济学在各个领域里的运行与应用，希望带领大家走进经济学的世界。

书中难免存在谬误之处，敬请批评指正！

目　录

宏 观 篇
国家调控与经济学

经 管 篇
优秀到卓越的底层逻辑

生 活 篇
明明白白地消费

理财篇
你不理财财不理你

贸易篇
开户商业与未来的秘密

危机篇
理性规避经济风险

行 为 篇
经济学的思维方式

附
知道点经济学名著

通识篇

不可不知的经济学关键词

稀缺性：为什么物以稀为贵

稀缺性是经济学的一个基本概念，它描述了资源相对于人类欲望的有限性。这种矛盾表明，尽管人类的需求是多样化和不断增长的，但可用的资源是有限的。

经济学告诉我们，一件商品的价格，与它本身所带给人们的使用价值并非等价关系。

例如，水对于人类非常重要，但是水的价格很低。因为水在地球上的存储量很大，对于普通人来讲，获取一杯水并不稀奇，所以水的价格就很低。而钻石和黄金的情况正好相反，它们产量低，且采取过程十分艰难和烦琐，这导致它们的价格高昂。这两个案例说明，稀缺性对于物品价值的影响非常大。

在人类经济发展过程中，无法在短时间内找到替代品，且很难再生的资源，因为其稀少，无法满足人类无限欲望的需求，这就是稀缺性。

稀缺既代表了稀有，又代表紧缺。这种欲望的无限性与资源的有限性，正是经济学产生的根本。它们之间的落差引起了竞争和合作，对于稀有资源的占有和控制，就是竞争的本质。而合作，就是共同利用稀有资源，一起生产或加工、销售，达到共同盈利的目的。

同时，合作可以有效解决资源稀缺性产生的问题。通过合作，人们可以利用有限的资源，去生产和制造出更多能满足稀缺性需求的产品。

《珍妮小姐画像》是著名画家徐悲鸿的作品。2005 年，这幅油画出现在全球拍卖市场上，以 2200 万的高价被拍卖。紧接着，他的另一幅代表作《愚公移山》，于 2006 年以 3300 万的高价拍卖成交。

那么，徐悲鸿的作品，为何能够拍卖出如此的高价？这都是源于经济学的稀缺性。

稀缺性，代表了人类拥有的无穷的欲望，而与这种欲望相对立的，是稀有的欲望资源，当这种资源非常稀少时，市场就出现了强烈的渴望拥有的竞争。徐悲鸿是中国现实主义写实艺术的奠基人，他不仅利用中国的美学观点创造了中国油画的新课题，还升华了中国传统美术的艺术高度，因此他的画具有极大的收藏价值，成为千金难求的商品。在他去世后，这种"千金难求的商品"就成了不可再生的稀缺品，于是就出现了"他的画作被拍卖出天价"的现象。

由此可见，稀缺性引发竞争和选择。经济学认为，正是资源稀缺性的存在推动了市场经济的发展和进步。假如这个世界的资源都是无限和富裕的，并非稀缺，自然界和人类社会将不复存在竞争和选择。当人类可以轻易得到各种满足时，经济学中活泼的各种市场交换将变成沉默的死水，最终走向灭亡。因此稀缺性是经济学产生的根本。

📈 活学活用经济学

1.节约资源：无论是何种资源，我们都应该节约使用，避免浪费和过度消费，可以帮助我们应对资源的稀缺性。

2.有效沟通：在经济活动中，有效的沟通可以减少对资源的浪费。沟通一定秉承着"珍惜稀缺性资源"的原则，并且沟通的过程简洁、明了、及时，以减少由于信息不充分或者不准确而导致的工作重复和资源损失。

3.优化生产流程：对于任何生产活动而言，优化生产流程可以有效降低资源的浪费，并且提高生产效率。消除不必要的步骤和改进工作方法，可以使生产过程高效。

4.提高技能和能力：通过提高个人的技能和能力，我们可以在同样的条件下完成更多的生产和工作，这相当于提高了资源的利用效率。

需求和供给：芒果宁可烂掉也不送给消费者

需求和供给是经济学中的基本概念，它俩之间的关系是经济学理论的核心内容。需求和供给是市场的两个主要力量，它们相互作用，决定了市场的价格和交易量。

经济学简单地说就是如何解决需求和供给的矛盾。需求和供给是经济学的基本问题，弄通了需求和供给也就弄明白了整个经济学。萨缪尔森在他的《经济学》中引用了一句话："你可以使一只鹦鹉成为经济学家，但前提必须是让它明白'需求'和'供给'。"萨缪尔森又说："学习经济学是再简单不过的事情，你只需要掌握两件事情，一个叫供给，一个叫需求。"

需求是指人们对某种产品或服务的需求和愿望，是指消费者在一定时期内，在各种可能的价格下，愿意并能够购买的商品的数量。它是基于人们的欲望和需求而产生的。

供给是指生产者在某一特定时期内，对应于一个给定的价格，生产者愿意且能够提供的商品数量，被称为该价格下的供给量，是供给量与价格的关系或价格与售出量的对应关系。

来看一则关于需求和供给关系的案例：

情人节期间，鲜花作为表达爱意的热门礼品，导致鲜花市场需求急剧增加。花店一般会提前预订，并增加鲜花的进货量以满足市场需求。鲜花的价格，也会于节日里有所提升。

这充分地反映了供给与需求之间的关系。供给和需求是市场运行的力量，需求和供给这两个因素决定了商品的价格。

在市场经济活动中，生产者想卖出去任何东西，必须要有人对这种商品存在需求，生产者依据市场需求来制造和出售商品，此时的需求和供给就会保持一种平衡，供求合理的时候，价格是稳定的；市场供不应求时，市场价格往往高于市场价值。

经济萧条时期，果农宁愿将过多的芒果烂在果园里埋掉、成箱倒掉，也不愿意免费送给人们吃。虽然在我们看来这样做太可惜，可是这却符合供求规律。

因为当年芒果大丰收，导致供给远远大于市场的需求，芒果的价格大幅度下降，甚至有些地方，芒果都不如地里的白菜值钱，而且芒果又容易腐烂，所以果农选择了放任部分芒果烂在树上，最终以这种方式使供求关系达到平衡。

供求合理的时候，市场商品的价格也是合理和稳定的。相反，一旦供求不合理、不平衡时，市场价格就会出现变化。这就是所谓的"供大于求，市场价格低于市场价值；供小于求，市场价格高于市场价值"。

明白了需求和供给，生活中的一切经济问题就可以解决了。这是因为，在生活中有两个大家都经常看到的原理，第一个就是需求定理：在一定条件下"商品的价格越低，消费者对商品的需求量就越大"；第二个就是供给定理：在一定条件下"商品的价格越高，供给量就越大"。综合这两个定理，在一定的条件下，调节价格就可以使供给者的供给量和消费者的需求量相等，达到双赢的效果。

〽️ 活学活用经济学

1.房地产市场：如果某一地区人口流量大，需求大于供给，租金就会上涨。这时候，房东可以选择提高租金或者对住房进行改造，以吸引更多租客；而租客可以选择搬离该高价区或者寻找便宜房源。

2.新能源汽车市场：政府如果扶持新能源汽车市场，出台优惠政策，那么消费者购买汽车的成本就会减少，购买需求量就会大幅度提高，汽车价格上涨。此时，汽车制造商为了满足不同的市场需求，可以扩大生产规模；或者增加研发技术力量，给新能源汽车市场输送新鲜血液。

3.旅游市场：旅游旺季，游客数量非常多，导致酒店餐饮和机票等旅游产品供不应求，价格就会超出市场价格。而随着进入旅游淡季，游客稀有，旅游产品供给大于市场需求，价格就会下跌。因此，游客可以根据经济学供给与需求原理选择合适的出行时间，以避免高价购买旅游产品。

机会成本：选择胡萝卜还是选择青草

机会成本是指企业为从事某项经营活动而放弃另一项经营活动的机会，或利用一定资源获得某种收入时所放弃的另一种收入。另一项经营活动应取得的收益或另一种收入即正在从事的经营活动的机会成本。

有这样一则故事：一只饥饿难忍的兔子，到处寻找食物。终于，在一处山坡，它看到了一根胡萝卜和一堆鲜嫩的青草，兔子两眼放光地跑过去。但是走近后，它为难了："这两种食物，我到底该吃哪一种？"苦恼的兔子左右徘徊，却始终拿不定主意。因为无法做出选择，最终这只兔子饿死了。

这个小故事里深藏着经济学的大道理，那就是"鱼和熊掌，不可兼得"。

当你如兔子那般，面对眼前的资源必须做出选择时，这也许并不是一件容易的事情。但是你必须做出选择，否则就像这只饿死的兔子一样，得不偿失。这时候做选择所损失的资源价值，就是机会成本。详细来讲，兔子如果选择了青草，那放弃的胡萝卜的价值就是它的机会成本；相反，它如果选择了胡萝卜，那青草的价值就是它这份"经济活动"里的机会成本。

机会成本指的是：为了追求某个目标或做出某个决策，而放弃的最好的、可代替的选择所付出的成本。

当我们衡量一个企业或个人经济活动的经济成本时，经济行为中的机会成本，就是你为了得到它所放弃的所有资源中的最高价值。在经济学中，企业生产成本的计算要加入机会成本，即生产成本包括生产物品与劳务量的所有机会成本。

机会成本是在可以选择的所需资源范畴内进行运作的，在不需要的资源范围内，这些资源不会成为此次经济活动的机会成本。打个比方，兔子只喜欢吃胡萝卜和青草。如果它面前是一堆美味的海鲜和青草，故事中饥饿难忍的兔子就没有可失去选择资源最大化价值的机会成本，因为它不吃海鲜，所以并不需要做出选择。

再比如，果汁商家在收购原料时，只会选择当季水果，而不会选择猪肉和白菜；又比如，美术老师去采购画笔和水彩时，会对所有美术类商品感兴趣，但是文具店门口放置的玩偶，并不会成为他采购资源过程中所需要面对的机会成本。

一定要注意：当你在所处经济活动中面临好几种选择时，机会成本并不是放弃所有资源和项目收益的总和，而是指放弃的机会中收益最高的项目价值，这部分价值才属于机会成本。

一位农产品公司的老板，有一块土地，他想用来种植萝卜、土豆和养鸡。假设这块地种植萝卜的收益是 5000 元，种植土豆的收益是 8000 元，养鸡的收益是 13000 元。如果这位老板选择种植土豆，他就没法在这块地上种植萝卜或养鸡。那么他种植土豆的机会成本是多少呢？按照经济学中对于机会成本的定义，应该是 13000 元，即他所舍弃的另外两个经济项目中价值更大的那一个项目的价值，即养鸡所获得的收益！

通过这则案例可以看出，经济学家如何教会我们分析经营活动的选择，就是在衡量成本的时候，重点将机会成本包含在内。

以上所举种种，都充分说明了熟知机会成本概念且成熟运用此概念，对于企业经济决策的重要性。

机会成本也适用于生活中，当人们明白该怎样利用机会成本的知识去衡量生活中某些取舍时，就会更好地面对自己的欲望。毕竟人的欲望是无限的，所以决定用哪些东西去满足欲望，便是最需要面对的问题。没有学过经济学的人可能就当这是一种智慧的选择或者烦恼。但是当人们了解了机会成本，就会明白，这只是一种资源配置的问题。

所谓资源配置，就是在取舍之间实现价值最大化，通过对比机会成本，人们会清醒地看待自己的欲望。

📈 活学活用经济学

1. 对于学生：可以通过对不同的学习计划和课程选择的潜在收益进行比较和衡量，从而利用做这些事情的机会成本，制订更符合自己的学习计划。同时，也可以在学习机会成本和运用机会成本实践的过程中，提升自己的决策能力，以及解决实际问题的能力。

2. 对于工作人士：可以比较不同任务的潜在价值和机会成本，从而优化工作效率和确定职业发展方向。

3. 对于普通人：在日常生活中，可以通过运用机会成本来优化自己的时间管理。例如，你选择了学习一门外语，就意味着放弃了娱乐的时间，这时可将学习外语带来的潜在效益和娱乐获得的利益对比，就会做出最优的选择和时间配比决策。

保障性住房："北漂"也能拥有一个家

保障性住房，是我国城镇住宅建设中较为特殊的住宅，它通常是指根据国家政策以及法律法规的规定，由政府统一规划、统筹，提供给特定人群使用，并且对该类住房的销售价格及建造标准和租金标准给予限定，起到社会保障作用的住房。

李明是一名"北漂"，从大学毕业来到北京工作，已经七年的光景。但是作为一名广告设计人员，即使他每个月拼命攒钱，想在北京买一套房子也非常困难。

随着国家公租房政策的完善和实行，李明这样的年轻人，迎来了"住房命运"的曙光。李明在了解这项政策后，准备了自己的社保缴纳证明，就向政府申请了公租房。

虽然公租房的产权归属政府或公共机构，并不属于个人，但是对于像李明这类想买房却存款不多的年轻人来说，能够以低于市场价很多的价格申请公租房，简直是他们天大的福利！他们不仅可以用能承受的低价格拥有自己的"小家"，也可以安心打拼，为以后买房打好基础。

上面案例中提到的保障性住房，就是指政府为中低收入住房困难家庭所提供的限定标准、限定价格或租金的住房，一般由廉租房、经济适用房、政策性租赁住房、定向安置房等构成。这种类型的住房有别于完全由市场形成价格的商品房。

那么保障性住房这种特殊政策是怎样产生的呢？

在城市化进程中，由于部分城镇居民收入低下，无法解决自身住房问题，因此造成了住房需求与供给之间的矛盾和不平衡。政府为了缓解这种不平衡压力，让没有能力解决住房问题的居民有房可住，于是采取了一系列措施，保障性住房也因此而生。

世界各国虽然住房政策不同，但是大多将住房分为公产房和私产房。公产房就是公共住房，也就是由政府买单的保障性住房。政府通过无偿提供土地和建设性费用，以及无偿提供土地补贴费用等方式，为贫困居民提供优惠保障项目。这其中还包括人头补贴或砖头补贴，补贴中包括免税费或贴息，也包括直接的财政转移支付。保障性住房的诞生，让政府为居民的居住权利提供了有力保障。

私产房就是老百姓常说的商品房，是私人支付全部土地使用成本与建筑成本的住房，它并不享受政府买单的优惠政策。

有些人认为，推行保障性住房，是为了打压房价的飙升，这种观点是错误的。事实上，政府提倡施行保障性住房政策，并不是为了打压商品房，相反，推行保障性住房政策，正是为了对商品房消费市场进行良性刺激，为了完善市场经济，对可能出现的市场经济危机起到防范作用。推行保障性住房政策，商品房住房缺陷问题得以有力解决。

保障性住房有很多优点，它可以提供安居保障，真正解决民生问题，对促进社会和谐稳定具有重要意义。开发实施保障性住房的过程中，同时带动了建筑、建材、家具、家电等产业，可以有效扩大就业，促进经济增长，增加财政收入。

　　保障性住房还可以刺激消费，正如案例中的李明，不为住房发愁，他就可以进行社会消费。

　　保障性住房的缺点是住房的设计滞后，并且保障性住房的规划布局和交通等外部配套设施的建设仍存在很多问题。例如，住房离城市中心较远，入住后生活与工作不便利。

　　不过，任何事物都存在两面性。保障性住房的存在，总是利大于弊的，因为它能让"北漂们"有一个住得起，也能安心居住的家。

📈 活学活用经济学

　　1.对政策的详细了解：对申请条件、申请流程、住房条件和标准、住房价格标准等详细了解，然后按照流程申请住房。

　　2.对保障房的维护：住户入住保障房后，需要对房子进行维护，应该遵守相关的管理规定，保持房屋的整洁、干净，并且保障房子的安全。如果房子出现问题，要及时向物业及相关部门反映，及时维修。

　　3.时刻关注政策变化：时代在发展，社会会变化，国家保障房政策也会相应做出调整。因此住户要紧密关注时局和政策的变化，以便及时调整自己的住房规划。

价值悖论：渔夫家的天价木碗

> 价值悖论，是指某些物品虽然实用价值大，但是廉价，
> 而另一些物品虽然实用价值不大，但很昂贵的现象。

有一个渔夫，家境贫寒，家中最值钱的东西就是一个带有花纹的木碗，他每天都随身携带。一天，渔夫出海，途中遭遇了大风暴，他的船只被击沉，他也被冲到一个孤岛上。

岛上的首领十分友好地招待了渔夫，不仅对他照顾有加，还让他吃喝不愁。

渔夫十分感激，拿出自己带花纹的碗说道："我无以回报，这个碗有花纹，我一直当它是我的保护神，现在我把它献给您。"

首领听说此物如此珍贵，当即命人拿来一袋宝石送给渔夫，作为给他的回礼。

不久，渔夫乘小船离开了。他带着首领给他的那一大袋宝石回到镇上，购买了房屋和店铺，他也因此变成富人。

一个商人听说了渔夫的故事，心中暗想："一个木碗都能换来一袋子宝石，那我可以用大量的瓷器去换取更多的宝石！"

商人装上一箱瓷器，历经万难找到渔夫去过的孤岛。见到岛上首领，他便迫不及待地拿出瓷器来。

　　瓷器精美绝伦，首领惊叹不已。他太需要这些轻便又美观的物品了，于是表示要拿岛上最珍贵的物品赠予商人。

　　商人幻想着可以带着一船的宝石而归。不曾想，首领捧出一个带有花纹的木碗，说："这是我们岛的保护神，可以赐予我们粮食和平安。我将它赠予你！"

　　这个小故事讲的就是经济学中的价值悖论，在常态情况下，宝石是极其珍贵和稀少的，而木碗却很平常，因此宝石的价格远远高于木碗。但在这个小岛上，人们却完全悖离了这种常态价值，因为岛上宝石很多，带有祈福意义的木碗仅此一个，就成了全岛最珍贵的物品，在岛民的心中，木碗的价值远远大于宝石。故事中木碗与宝石的价值反差，就是价值悖论的体现。

　　价值悖论也称为"钻石与水悖论"，是由亚当·斯密在《国富论》中提出的。他说："没有什么东西比水更有用；能用它交换的货物却十分有限；很少的东西就可以换到水。相反，钻石没有什么用处，但可以换取大量货品。"

　　可以看到，水虽然对人类至关重要，但是它却很廉价，而钻石虽然只是装饰品，但是它的价格远远超过了水。

　　这就是经典的价值悖论。

　　经济学家试图对价值悖论进行解释，他们常用"边际效用"来解释此定义。

　　边际学派认为："任何物品的价格不取决于它们的总效用，而是取决于它的边际效用。"

　　就像水在全球遍地都是，这导致人均手中都有充足的水源，没有人因为拥有一杯水而四处炫耀，同时，我们对于水的消费是非常多的，这都导致一个单位的水的边际效用很小，它的价格就便宜。

相反，钻石由于稀少珍贵，每个佩戴钻石的人都脸上挂着"富贵"，这导致钻石的边际效用很大，它的价格就很昂贵。

另一位经济学家约翰·劳更是根据供求关系，对价值悖论做出了以下解释：水是人类最重要的物资之一，但价值很小，是因为世界上水的数量太大了，远远超过了人类对它的需求。而钻石正好相反，它的产量很低又稀有，供求关系非常紧张，正如同"物以稀为贵"的道理，这导致了水与钻石的价值悖论。

价值悖论的经济学意义更是延伸到我们的生活中，正如一瓶洗发水"便宜"，但是这并不能说明它的质量"绝对很差"，而一枚昂贵的品牌胸针，它的使用价值与它的价格并不一定成正比。

学习了经济学中的价值悖论，你就会明白一个道理："选择最适合你的，而非最贵的。"

📈 活学活用经济学

1. 根据价值的主观性做选择：价值悖论告诉我们，商品的价值并非完全由它的实用价值所决定，而是容易受到人们主观认知的干扰。因此，在日常生活中，我们需要对商品的需求明确定位，不要过于相信某种商品的价值，从而进行合理消费。

2. 关注商品的稀缺性：稀缺性的商品具有巨大的投资意义，因为稀缺就代表着高价格与高价值。因此我们要多关注市场，关注稀缺性商品，有助于我们选对投资产品。

3. 对市场变化保持敏锐性：价值悖论告诉我们，市场价格非常灵活，千变万化。因此我们要时刻关注市场动态，保持对价格与市场需求的敏锐性，及时调整投资策略。

财富与幸福：农户家的半根金条

财富是一个人生存的基石，有钱不一定"绝对"幸福，但没有钱一定很难幸福。财富又是人创造出来的，所以怎样看待财富与幸福的关系，也是经济学中有意义的探究。

经济学是一门关于幸福和理性的学问，作为理性的经济人，我们在生活中经常考虑的，就是在社会资源稀缺性的条件下，如何进行选择和资源的最合理分配。这其中就包含了财富与幸福之间关系的学问。

古希腊历史学家色诺芬曾写过一本书，名叫《经济论》。他在书中这样说道："财富就是具有使用价值的东西，也就是指有用的东西，这种有用性既包含了使用性，也包含了交换性。"

用经济学家的眼光来看，财富与经济人是不可分割的。所有的财富都来源于人们的需求，也就是人们直接或间接欲望的满足。但是这并不表示财富的获得绝对会使人幸福，相反，幸福包含了友情、爱情、健康、亲情和财富等因素，财富只是其中的一个因素。但是，一定要明白，财富是幸福里很重要的一项因素，没有财富，人们一定很难幸福。

正如古人所讲"贫贱夫妻百事哀"，如果一对夫妻吃饭都很困难，他们都快饿死了，那么对于他们来说，一切事情都有个"哀"的底层色彩。他们没有财富这个底层经济基础来维护生存的根本，谈论幸福是奢侈的。

有时，财富与幸福之间存在正向关系。

对于贫穷的人来说，随着财富的增加，摆脱吃住困难，幸福感是会增加的。这就表明，基本的生活条件和物质享受，可以带给人稳定和安全的生活状态，就意味着获得幸福感。

但是财富的一味增加，并不代表这就是幸福的源泉。就一个人的幸福而言，物质财富是财富，个人健康与心理上的快乐也属于财富。如果能够过上幸福美好的生活，也是一种美好的财富体验。经济学家最终的目的，就是解决人类财富最大化和幸福最大化之间的平衡问题，他们认为，人类不仅要追求财富的幸福，更要追求个人效用财富与幸福的最大化。

有一则关于财富悖论的小故事：

从前有一个农夫，他每天辛苦种地，收入却并不多，但是因为可以自给自足，不愁吃穿，一家人过得也还是幸福美满。有一天下暴雨，把农夫的那块地冲开了一个大坑，露出一个金光闪闪的东西。他拿出来一看，居然是半块金条！这个意外之获让农夫变得富有，他们全家都很高兴。可农夫从此后却失去了幸福的感受，他整日闷闷不乐地在地里挖土，却又不好好种地。

家人们不解地问："我们都拥有很多财富了，你为何不快乐，也不好好种地？"农夫回答："我在找那另外的半根金条。"

这个故事向我们表明了关于财富的另一个观点：有钱不一定"绝对"幸福。故事中的农夫获得了财富，但是他的贪心导致他并不知足，在贪心的驱使下，他每天所想的都是"另外半块金条在哪里"，这使他失去了以往的简单和快乐。

故事也表明，当财富增加时，人们的幸福感会上升，但是也有一部分人，当财富达到他们心理的一个"界限"后，他们的幸福感不会上升，由于自身心理需求与欲望等因素，甚至随着财富的增加，幸福感下降。

经济学关于财富与幸福的认知告诉我们，作为一个经济时代的理性人，要在正确获取财富的同时，积极关注个人的幸福指数。我们在追求物质财富所带来满足感的同时，更重要的是要找到让自己快乐和幸福的生活方式，要适当地追求财富，不要因为追求财富而不顾一切。

📈 活学活用经济学

1.关于身体健康：财富固然重要，但拥有健康才能获得幸福，没有健康什么都没有。所以人们在追求财富的时候，一定要注意保养自己的身体，关注自己的健康，不要为了财富拼命熬夜加班，得不偿失。

2.关于财富的应用：拥有财富并不意味着一味追求物质享受。当我们获得财富时，别忘记用财富去支持自己的学习成长与事业成长。另外，可以利用财富多多做些慈善，可以更大地增加自己的幸福感。

3.关于心理健康：幸福不仅仅是物质上的满足，更是人心理上的愉悦与满足。因此我们追求财富的同时，更应该注意管理自己的心理状态、情绪和压力。无论我们是贫穷还是富有，都要拥有一颗平静喜悦的心。

帕累托最优：三个儿子谁最聪明

帕累托最优不仅仅是一个经济学概念，更是我们在生活中怎样决策的智慧工具。通过了解帕累托最优，我们可以更好地权衡和选择，从而做出生活中的最优化配置。

帕累托最优是意大利经济学家维弗雷多·帕累托在关于经济效率和收入分配的研究中，提出来的一个经济学概念，因此便以他的名字命名，为帕累托最优，也称为帕累托效率。

它是指资源分配的一种理想状态，假定固有的一群人和可分配的资源，从一种分配状态到另一种状态的变化中，在没有使任何人境况变坏的前提下，使得至少一个人变得更好，这就是帕累托改进。不可能再有更多的帕累托改进的余地，我们把这种情况称为帕累托最优状态。

有这样一则故事：

一位农夫有三个儿子和一块旱地。三个儿子长大了，农夫决定分家产。他只有一个要求，三个儿子轮流去种旱地，谁能真正把地种好，谁就可以分到这块地，其他两个没有分到的，就自己去想办法生存。

由于农夫的地是块旱地，所以想要种好地就必须从河里引水灌溉，但是农夫的旱地与河流之间隔着另一户人家的地。

第一季度，大儿子来种，因为他想不到怎么将水越过隔壁引过来，他干脆做起好人好事，引水帮邻居把农田灌溉了。这个季度他收获了赞赏，却失去了收成。

第二季度，二儿子来种，他为了引水到自己家，挖了邻居家的田地，造成水淹了隔壁农田。水引到了他家农田，收成很好，但是他淹没了隔壁农田，家里赔偿了损失。

第三季度，小儿子来种，他左右权衡下，和邻居商量，在他家的地中间挖了一条水渠，这样既把自己家的地浇了，同时把邻居家的地也浇了。于是农夫就将这块旱地传给了利人利己的小儿子。

这个故事讲述的就是"双赢"，即经济学中的帕累托最优：

农夫的大儿子做事损己利人，盲目地牺牲自己，这在经济活动中是非常不可取的，可以说相当没有智慧，任何理性经济人在进行资源配置之前，都应该给自己一个"不盲目牺牲"的底线。并且随时思考怎样在利人利己的情况下，将资源最合理地调配。

二儿子损人利己，这属于严重的道德败坏，而且由于淹没了隔壁的农田，他还进行了赔偿。

只有小儿子的做法符合帕累托最优，他在不损害任何一个人的利益的情况下，通过和邻居协商，改进了资源的配置，增加了双方彼此的利益。

生活中我们也常常遇到"帕累托最优"。例如，王刚和好友明明各有一套三室二厅的房子，他们的房子距离他们工作的地点都很远。但是王刚家距离明明单位很近，而明明家距离王刚单位的距离也很近。由于彼此房子的户型和面积几乎一样，彼此又是朋友，双方在协商后，交换了房子。这样王刚和明明都能够获得更大的便利，同时没有损失彼此的利益。这就是帕累托改进方案，当这种方案已经无法通过再次改进，获取更大的利益价值时，就是帕累托最优。

但是值得注意的是，这种"朋友都满意的房子"的帕累托最优方案，并不是一种容易产生的分配资源状态。帕累托最优是一种理想的理论概念，现实中实现具有一定难度。它受到多方因素的影响，例如，社会制度、文化传播、技术含量等，而且人们对于资源配置的偏好和需求，也会随着复杂环境的变化而变化。这都使资源的分配处在一种动态里。

所以，我们在进行帕累托最优配置时，往往要做那个"最聪明的儿子"，而不是"最满意的朋友"。

活学活用经济学

1.对学习效果的提升：在学习中，帕累托改进可以帮助学生提高学习成绩和学习效率。优化配置自己的时间和精力，对自己薄弱学科进行分析、重点攻破，提高学习成绩。

2.对工作绩效的提升：在工作中，帕累托改进可以帮助我们制订优化的工作计划，精准提升工作效率，从而提升业绩。

3.对日常生活效率的提升：在生活中，帕累托最优同样适用，例如我们选择如何穿衣，吃什么或者购买什么，利用帕累托最优，可以快速对这些问题做出明智的决策。

认知篇

一定要懂的经济学原理

权衡取舍：财主给管家的遗嘱

人们经常面临各种权衡取舍，权衡取舍原理可以帮助我们获得最高的利益，让我们知道在选择时进行分析的重要性。

什么叫作权衡取舍呢？

古语常说，鱼和熊掌，不可兼得。也就是说，你想要获得鱼，就不可以获得熊掌；而你想要获得熊掌，就不可以获得鱼。权衡取舍就是，你在权衡两者的利弊与得失之后，所做出的选择。

权衡取舍原理是经济学中一个非常重要的概念，它的定义是：在面临多个选择时，人们需要比较不同选择之间的优缺点，并基于自身的目标、价值观以及资源限制来做出最优决策。这个过程中，人们会对每个选择的风险和收益进行评估，并根据其优先级进行决策。

看这样一则经济学小故事：

古时候，有一个身患重病的财主，在他的生命快走到尽头的时候，他唯一的儿子却远在他乡。财主十分着急，因为他身边有个贪婪的管家，觊觎他的财产很久了，他必须想办法将财产留给儿子。

可是如果现在通知儿子回家，至少需要一个月时间，他等不到那个时候了，如果他去世了，他的儿子并不知情，他的财产将会落入管家手中。

于是财主想出了一个好方法，他在临终前立下了一份遗嘱：我的儿子可以从众多财产中选择一项，其余的全部归管家所有。不过前提是，必须要让我的儿子先选，否则遗嘱无效，我毕生财产捐给国家。

这个遗嘱的内容让管家兴奋不已！这不就是天上掉馅饼。他想："无论财主的儿子怎么选择，剩下的巨额财富不都是要落到我的口袋里嘛！"于是管家迫不及待地骑着马跑去将财主的儿子寻了回来，并且找来了公证人，将田产、金银、房产、字画、瓷器等资产都一项项地排好。管家得意地想：只要遗嘱在手，无论财主的儿子选择了哪一项，剩下的的财产就都是他的了！

财主的儿子看到遗嘱，心急如焚。假如他选择了田地，那么他将失去房屋；假如他选择了金银，那么他将失去其他财产。财主的儿子心中责怪自己的父亲糊涂，怎么将毕生财产拱手送人？

但是他冷静下来，很快就明白了父亲的用意。于是在公证人的面前，他大声地告诉大家："请公证，我选择管家！"

他放弃直接选择财产，而是选择了管家。在古代，管家也是属于主家的财产。管家听了这个回答，愣了一会，直接瘫坐在地上，因为只要他活在世界上一天，他和所有的财产就都归财主儿子所有。

这个小故事，正是巧妙地诠释了经济学中的权衡取舍原理。故事中财主的儿子如果心乱如麻下不懂得权衡利弊，只选择了其中一项，注定会造成巨大的财富损失。但正是因为他足够冷静，仔细推敲和分析父亲的用意，并且通过对比，抓住了事情背后的关键所在。这正是权衡取舍原理被正确应用的具体体现。

权衡取舍原理让我们看到了经济活动与行为背后的真相，一旦透过现象看到本质，我们就不会被复杂的选择弄得眼花缭乱。

在日常生活中，人们无处不面临着权衡取舍。人们的资源是有限的，但是人们的欲望是无限的。这就意味着，人们没有办法拥有或者做他们想要的一切。例如，高考前的学生在晚上可以选择学习或去游乐场玩；一个清洁工人辛苦劳动，月底发工资可以选择存钱供子女读书，或出去旅游。这些都是权衡取舍的例子。

权衡取舍的存在，要求人们必须考虑自己的目标和偏好，以及不同选择的成本和收益，从而做出最优化的决策。这使得高考前的考生大多数选择认真学习，而非跑去游乐场玩；辛苦赚钱的清洁工人，选择存钱供子女读书，而不是跑去旅游。这些都源于他们根据利益最大化，做出了取舍和选择。

📈 活学活用经济学

1.在微观经济学中：在个人与企业的决策过程中，权衡取舍原理被广泛应用。例如，一个企业在制订生产计划时，会重点考虑市场需求、生产成本、技术要求、竞争状况等因素，权衡利弊下，做出正确的计划来获得利润最大化。

2.在宏观经济学中：权衡取舍原理被大量用于国家层面的决策中。例如，政府在制定经济政策时，会利用权衡取舍原理，对就业问题、通货膨胀以及市场经济增长规律等问题，进行具体问题具体分析，通过利弊对比并且结合社会因素，做出正确的决策，以实现经济的最大化增长。

沉没成本：镶嵌玉石的鸟笼摔坏了

经济学家认为，沉没成本是一种历史成本，对现有的决策而言，它属于不可控成本，这种成本的存在，与未来决策和当前行为没有直接关系。换句话说，在开始一场新的投资决策时，必须排除掉沉没成本所产生的干扰。

沉没成本是指以往发生的，但是与当前决策无关的费用。从决策的角度看，以往发生的费用只是造成当前状态的某个因素，当前决策所要考虑的是未来可能发生的费用及所带来的收益，而不考虑以往发生的费用。

在经济学中，人们在决定是否做一件事情的时候，不仅要衡量这件事情对自己有没有好处，也要看过去是不是已经在这件事情上有过投入。我们把这些已经发生不可收回的支出，如时间、金钱、精力等称为"沉没成本"。

有一则关于沉没成本的小故事：

有一位女士非常喜欢养鸟，她还特别喜欢各种漂亮的鸟笼。只要经过花鸟市场，她都会精挑细选。

有一天，她碰到了一只镶嵌玉石的鸟笼，非常漂亮，而且鸟笼里还有一只她喜欢的鸟儿，于是这位女士花高价把它们买了下来。

她把这个鸟笼放在电动车后座上，开心地骑回家。

然而，在经过嘈杂的市场时，为了躲避路人，她的车子晃动了一下，不曾想鸟笼马上滑落下去，这位女士和周围的人，都听见了鸟笼上的玉石摔碎和鸟儿鸣叫着飞走的声音。

奇怪的是，这位女士并没有停下来查看，也没有什么情绪，只是继续骑车前行。后面有位热心的大爷大喊："姑娘，你的鸟笼子摔掉了！"

女士头也没回地回答说："我听见鸟儿飞走了！玉石碎的声音我也听见了！挽回不了，所以我就不要啦！"

这则小故事里的女士，拥有令人佩服的豁达和"不计较"的心境。她在遇到鸟笼摔碎、鸟儿飞走等已经投入的"时间、金钱、精力、热爱"失去时，并没有困在原地难受和停止前行。用经济学角度来概括的话，这位女士懂得何为"沉没成本"，并且懂得及时止损。

故事中的女士，前期已经投入了消费的成本，但是一旦中途出现意外，或者由于不可控因素导致大的投资变动，这项经济活动所付出的前期投入就会夭折，因此称这种损失为"沉没成本"。沉没成本一旦失去，就不可能重新收回，所以，不留恋、不情绪化、不执着，对于每个经历沉没成本的经济行为进行者来说，都至关重要。

举例来说，你为了看一部评分很高的电影，花 120 元高价购到电影票。可是当你终于坐到电影院里观赏时，发觉自己一点都不喜欢这部电影，简直难以观看下去，坐在那里就好似一场煎熬。这时候如果你惦记自己花费的那 120 元，舍不得这个钱打水漂，就会选择硬着头皮看下去。当然，还有另一种选择，你知道这就是为自己错误的选择所付出的沉没成本，如果舍不得沉没成本，你就浪费了精力和时间，沉没成本反而更大。

如果你选择不计算沉没成本，足够理性地提前走出电影院，去做真正让自己快乐的事情，你可能拥有更加美好的一天。经济学家将这种理性称为排除以往投入损失的干扰性。很显然，你迈出了人生中正确分配资源的第一步。

关于沉没成本的谬误现象也很普遍。历史上著名的英法政府的"协和效应"事件就说明了这个道理。

20世纪60年代，英法两国政府联合投资开发大型超音速客机——协和飞机。该种飞机机身大，装饰豪华且速度快，但投资成本也很大，仅一个引擎的成本就高达数亿元。然而，当时的经济环境并不好，这种投资并未能给他们带来想象中的收益。

但是，英法政府舍不得前期的投入，他们选择了"闭眼睛继续投资"，最终这项投资给两国政府带来巨大的经济负担。我们称这种行为为"商业灾难"。

所谓谬误，就是死抓着已经损失的投入成本不放，明知过分在意这种沉没成本，会影响决策，可还是"一条道走到黑"。

沉没成本告诉人们一个道理：在进行经济活动时，绝对不能做成瘾的赌徒。面对沉没成本，我们要具有一个好的心理状态，在经历沉没成本时，及时审视全局，重新审视和评估利益方案，调整经济策略和人生方向。

如果一味像赌徒一样急于翻本，红着眼睛继续投入，可能会遭遇全盘损失。

不甘心，最后注定会被拖进深渊。

📈 活学活用经济学

1.旧物维修：如果一台汽车已经够破了，你为了保养它花费了很多前期投入。但是，随着保养，这部车的价值越来越低，这时候购买新车可能是一种更好的选择。经济学分析，过去的维修费用已经是沉没成本，过于留恋和计较只会影响你购物的决策，让你搭进更多的沉没成本。

2.公司经营前途：如果公司为了开发一个项目，前期投入了大量的资金。但是市场突变，这个项目即使砸再多的钱，都不一定会获取高额市场回报。这时候停止继续投入，可以防止公司重大亏损和破产。

二八法则：IBM 公司的惊人发现

在经济学中，二八法则表明：在许多情况下，80% 的效果往往来源于 20% 的原因。它提醒我们，应该将有限的精力投入到最重要的 20% 的事情上，以实现资源配置的最大化。

二八法则又称巴莱多定律，是 19 世纪末 20 世纪初意大利经济学家巴莱多发现的。他通过大量的研究发现，在任何一组东西中，最重要的只占有其中一小部分，约 20%，其余 80% 的部分尽管占有多数的比例，却是次要的，这就是二八法则。

经过多少年的演化，这条定律被大量用于企业管理中，即人们现在所熟知的二八法则——80% 的公司销售利润来自 20% 的重要客户，相反，20% 的公司利润来自 80% 的普通客户；一个企业 80% 的利益来自 20% 的项目。二八法则，被社会广泛应用。

经济学家说，财富并不是存在多数人的手中。正如走在大街上，富翁并不是可以随便遇到的。全世界 80% 的财富，只掌握在 20% 的人手里。因此世界只存在两种人，一种人占了 80%，他们拥有 20% 的财富；第二种人只占有 20%，却拥有 80% 的财富。

这其中反映了什么道理呢？

　　经济学家通过研究，发现这是人们对财富的不同意识和思维造成的，不同的意识状态，造成了不同的资源配比。

　　第一种人，他们大多每天关注自己的老板，将自己的财富目标依附在自己的老板身上，他们最多的努力，就是希望老板给他们加薪。

　　第二种人则不同，他们不会关注别人去给自己增加多少财富，他们深知应把 80% 的精力用在关注这个多变的世界和自我提升上，他们明白，80% 的精力和时间应该用在什么事情上，于是，这 20% 的人让 80% 的人为他们打工。他们所获得的收益是 80% 的财富，他们只将 20% 的利益支付给第一种人。

　　IBM 公司非常注重经济学规律，它是最早应用二八法则对企业进行管理的公司。1963 年，IBM 在对本公司的技术部分数据研究时，发现所有的电脑在运行时，居然 80% 的时间都在执行 20% 的指令。这个惊人的发现让 IBM 公司重视二八法则，便要求程序员重新改写了所有的操作软件，利用二八法则，让电脑执行速度提升了 80%，并且效率提高了很多倍。

　　乔布斯在领导苹果公司时，也是将精力致力于产品设计和深耕用户体验，并非去处理烦琐的生产环节和管理事务。他深信二八原则，将精力和钱财投入到产品设计和用户体验项目里。正是因为他对关键因素的高度重视，苹果公司才能击败了那么多家企业，立于不败之地。

　　二八法则犹如神兵天策，只要真正明白了这个经济原理，企业经营者通常都会获得巨大的成功。许多企业经营者，都是通过二八法则来优化营销策略的，他们学会将最大的资源、精力和时间，用在最有潜力和最有价值的客户和市场中，并不是"面面俱到"，也绝非"胡子眉毛一把抓"，他们有目地进行资源分配和行动，从而实现了快速的经济增长。

在企业的人才管理方面，二八法则也大显神通。管理者一般重视公司中 20% 的骨干人才，重点培养和管理他们，赋予其整个公司的重任。而这 20% 的骨干人才，也将带动 80% 的普通员工，更高效地为企业创造更高的价值。

以上案例都说明经济学的一个道理，企业管理者要看透二八法则背后的精辟玄机，即"你不能将所有的精力，分散到所有的企业管理事务中"，要想一家企业经营得好，必须精微、精准。即重视 20% 的关键人才、20% 的用户资源的深入维护、20% 关键项目的投入与开发，以及 20% 关键岗位的培训。

ᴧᴧ 活学活用经济学

1. 应用在健康方面：根据二八法则，20% 的良好健康习惯和锻炼习惯，可以强化 80% 的健康效果。因此，在健康管理中，建议人们集中精力养成健身和健康的好习惯，从而提高自身的健康程度。

2. 应用在时间方面：根据二八法则，20% 的时间可以决定 80% 的成果。因此我们可以有目标、有计划地将 20% 的时间用于人生中最重要的人和事情上，并且集中精力攻破这其中的难题，从而解决人生中 80% 的问题。

3. 应用在知识的学习方面：根据二八法则，一个人一生 20% 的知识满足了 80% 的需求。因此，可以根据这个规律去重点学习自己的核心技能。

通货膨胀：手里的钱越来越不值钱

通货膨胀，是指一般价格水平的持续和显著上涨。这种现象在一段时间内表现为货币的购买力下降，导致物价普遍上涨。

通货膨胀一般指：在纸币流通条件下，因货币供给大于货币实际需求，即现实购买力大于产出供给，导致货币贬值，而引起的一段时间内物价持续而普遍上涨现象。在宏观经济学中，通胀主要指价格和工资的普遍上涨。

简单举一个例子，假设市场上只有榨汁机这一种商品可以出售。它的总数量是 100 个。市场上流通的货币总数为 1000 元，那么榨汁机的价格就是 100 元一个。如果第二年榨汁机的生产量增加了一倍，市场上榨汁机的总量就是 200 个，这时候政府给市场上的货币量增加了两倍，也就是市场上流通的货币总数为 3000 元。这样计算，第二年每个榨汁机的价格就是 150 元。按照这个道理应用到整个复杂、多样化的市场，可见物价水平升高时，货币出现了贬值，需要更高数额的单位货币，才能换取原价格购买该商品的所得数量，单位货币购买力下降，这就是通货膨胀。

通货膨胀也就是老百姓说的"钱越来越不值钱"，就像现在生活水平好了，工资虽然上涨，但是同样的价钱，能买到的东西却越来越少。

这里需要注意，通货膨胀只有在纸币流通的条件下才会出现。古时候金银货币流通的情况下很难产生这种经济现象。这是因为金银货币具有贮藏的职能，这种职能可以有效自发地调节流通中的货币量，当它与市场商品流通所需要的货币量不适应时，它就会做出积极的适应调整。

纸币并不能随便发行，它是严格而又谨慎的。由于纸币本身不具备价值，一旦纸币发行量超过客观的市场的货币需求，就会造成纸币贬值，物价就会不受控制地上涨，造成通货膨胀。

委内瑞拉曾发生过著名的通货膨胀事件。由于委内瑞拉的政治发生动荡与经济制裁问题，委内瑞拉政府通过大量印刷钞票来弥补财政赤字，这导致委内瑞拉的货币一夜间疯狂贬值。导致物价飞涨。通货膨胀后，人们的生活水平降到了历史最低点。

由这个案例可见，通货膨胀会对国家的经济造成严重的影响。由于物价疯涨，市场价格信号就会失去真实反映市场情况的作用。这都导致生产者容易受到物价疯涨的干扰，而盲目发展产业。这种盲目发展，最终会导致国民经济的畸形发展，产业结构与经济结构都会随着错误的市场推动出现紊乱。

通货膨胀的发生、物价的上涨，也会导致投资者生产源头所有环节成本的升高，这种升高投入成本的形成，导致投资者的收益减少，而收益减少，将打击投资者进行市场活动的积极性。投资者的积极性减弱，一个国家的经济命脉也就会失去活力，严重时甚至大大打击国家经济的发展。

当国家发现这种畸形的抑制时，就会采取各种措施来抑制通货膨胀，这又会导致建设与生产受到抑制，经济出现萎靡。

同时，当通货膨胀长时间存在时，居民生活水平将会持续下降，这都可能导致社会出现不安定。

📈 活学活用经济学

1.控制消费：通货膨胀造成物价离谱上涨，这期间应该节俭度日，能不花的冤枉钱尽量不要花，控制消费欲望。必须购买的物品要进行价格比对，通过不同渠道，购买最合适价位的商品。

2.提高收入：提高收入是防止通货膨胀影响生活水平最根本的办法。只有提高收入，生活才不会陷入绝境。可以通过投资、开创副业等方式来提高收入，提高家庭经济实力。

3.调整投资策略：通货膨胀期间，货币贬值，将钱存进银行未必会保值，这时候可以通过咨询投资理财专家，考虑新的投资方式。

4.关注政府政策：政府一定会对通货膨胀进行宏观调控，要及时关注政府政策，以便更好地应对通货膨胀对家庭和个人的影响。

激励反应：汽车安全带真的安全吗

激励反应在人类行为中起着重要的作用，激励的策略不一样，人们的行为也会随之做出相应的改变。经济学家甚至总结说，整个经济学的内容都可以汇成一句话："人们对激励做出反应，其余内容都是对此的解释。"

经济学家曼昆的理论中，激励指的是引起一个人做出某种行为的某种东西，激励既可以是某种正面的奖励，也可以是某种负向的惩罚。经济学假设人是理性人，他们通过比较成本与收益做出决策，在最大化利益的选择过程中，对激励做出反应。

由于激励行为和机制不同，所以理性人经历激励后的效果也大相径庭。一般来说，经历正向激励的理性人，更加容易对所处行为做出积极反应，人们会更加努力完成某项任务；而经历负向惩罚的理性人，则会"趋利避害"地避免这些行为。

例如，幼儿园老师为了鼓励孩子们好好学习，上课认真听课，会给听话的孩子一朵小红花，这就是一种正向激励；公司领导为了鼓励员工努力工作，会定期组织聚餐和团建活动，发放礼品，来调动员工努力工作的积极性，这也是一种正向的激励；相反，很多家公司对迟到早退的员工，给予扣工资的惩罚，这就是一种负向"惩罚"。

下边来看一个关于激励反应的典型例子：

美国人拉尔夫·纳德在其著作《任何速度都不安全》中关于汽车安全的观点，引起了人们广泛的关注。美国国会对此做出了积极的反应：通过立法的方式，强制汽车生产公司为每台汽车安装安全带以及安全装备设施。从那以后，安全带成了每台汽车的必须配置。

按理来说，政府给予汽车生产公司这种正向激励，一定会产生正向的激励反应。但是事实证明并非如此。常规来想，当一个人系好安全带开车时，发生重大车祸死亡的概率应该降低，这才是这项法规的积极意义。但是出乎意料的是，出台有关安全带的法规，使全国发生了更多的车祸，人们不禁质疑：安全带真的安全吗？

毋庸置疑，安全带肯定会让人更加安全。那么，安全带政策又是如何使车祸的次数增加，死亡的人数增加呢？这就是激励反应的双面效应。

在没有安全带时，为了行车安全，大多数驾驶员会高度集中注意力，努力让自己行驶安全。但是当车内安全带驾驶成为常态时，他们从心理上觉得"系安全带"十分安全，因此他们驾驶时的心态改变了，这种激励反应促使他们的开车行为与心理状态产生了变化。因为有了安全保障设备和安全带，驾驶员对"安全"开始松懈，他们开车时不再专注，有时甚至无所顾忌，加速行驶。这样一来，就会造成更多的车祸。因此，安全带政策反而导致车祸次数增加，这是安全带法规形成的一种恶性循环影响。

从经济学角度来分析，安全带法规的执行，就是政府对交通采取的一种激励策略，减少了驾驶员的车祸人员伤亡，这是一种正面激励反应。但同时，安全带导致了车祸次数的增加和人员的伤亡，也是一种激励反应，只不过这个反应是负面的，让人们始料未及。

因此，当我们制定一项策略时，不但要考虑到它会使人们产生相当大的正面激励反应，也要考虑到，这里面存在一些不受控制、不明确、意料之外的负面激励反应。

📈 活学活用经济学

1.设定明确的目标：明确建立和设定目标，可以对自己做事情和学习形成良好的激励反应，当目标设立好，就可以更好地监督与跟进自己的目标进度，从而激励自己实现目标。

2.设定良好的自我反馈：主动寻求自我反馈，在他人的反馈中，更加深刻地剖析自己、改变自己，可以激励自己、了解自己的优点和不足，从而调整和改变自己。

3.设定自我奖励与惩罚：对自己做出的成绩设定奖励。通过给自己设定奖励和惩罚这种激励策略，有效激励自己进步。

宏观篇

国家调控与经济学

宏观调控：一只看得见的大手

宏观调控，是指政府运用政策、法规、计划等手段，对经济运行状态进行调节和干预，以保证国民经济的持续、快速、协调、健康发展。

经济学家凯恩斯出版过一本著作《就业、利息和货币通论》，里面讲述了这样一则著名的经济学寓言：

乌托邦发生了海啸一般的经济危机。混乱下，整个社会的经济出现大面积崩塌，工人失业、工厂倒闭，甚至有的家庭揭不开锅。这时候，政府出面来解决问题。政府决定兴建公共工程，并且通过发行债券刺激经济复苏。

政府首先发行债券，然后用这个钱雇用了 200 个人，挖了很大一个大坑。因为要挖坑，200 个人就需要 200 把铁锹，所以生产铁锹的企业开始开工，生产钢铁的企业也开始工作了，市场终于迎来第一丝生命力。

要挖坑，还需要给工人供给饭食，结果食品生产行业也开工了。因为挖坑，政府又要给工人发工资，有了钱财，消费企业也开始复苏。通过挖这个大坑，全国的经济消费被带动了起来。

大坑挖好了，政府又雇用了 200 人将这个大坑填好，这样就又需要200把铁锹,需要200人的伙食和给200人发工资……周而复始,萧条破落的市场奇迹般一点点复苏了。经济一旦恢复,政府就可以获得企业的税收,政府通过税收,又偿还了挖坑时发行的债券,一切恢复如初。

我们可以将这个故事取名为"一只看得见的手",它所讲述的,就是国家在经济市场出现危机和失灵时,对市场经济的宏观调控。经济危机来临时,政府并不扮演"不作为"的角色,而是直接插手市场经济的运行,全面干预来实现经济的复苏和市场经济的平衡。

政府宏观调控也叫国家宏观调控,它的定义是:政府作为市场经济的主体,通过行政手段、经济手段(主要是财政手段),以及法律手段,实现以经济主体为主导、经济主体与经济客体的对称关系为核心、经济结构平衡与经济可持续发展的经济行为。

正如"一只看得见的手"这个故事中,乌托邦遇到经济萧条危机时,国家政府实施政策措施,通过"挖坑",以种种政策,调节了市场经济的运行。

宏观调控的最终目的,就是使失灵的市场达到"有效控制",让物价稳定的同时,促进合理的充分就业,从而达到经济可持续稳定增长。

从经济学角度来分析,宏观调控这种经济政策,对国民经济总量的调节与控制十分有效。但市场灵活且变幻莫测,政府的宏观调控一直都可以保持有效成果吗?国家什么时候可以对市场经济出手调控?什么时候不可以干预?这都需要认真地学习经济学原理,以正确敏锐的经济学法眼,正确出手,才能有效地控制经济良性循环发展。

〽 活学活用经济学

1. 行政手段：政府依靠行政机构，通过强制性地下达命令、指令，制定相应的规章制度等行政手段，来调节市场经济。行政手段的特点是见效快，但是一定要注意结合市场发展的客观规律，否则强行执行政策，一旦不符合市场发展的客观规律，将会产生负面效果。

2. 法律手段：政府依靠法制的力量，通过司法和法律，制定相应的经济法来对市场经济实现宏观调控。法律手段的宏观调控可以有效维护公民的合法权利，调节社会经济关系，规范生产以及市场秩序。

人民币升值：几家欢喜几家愁

人民币的升值是指人民币对外价值的上升，具体表现为人民币对外的比价上升。人民币升值可能会降低我国出口商品价格，并且可能会改变全球贸易格局。

老百姓一听到人民币升值，可能就会心里暗自高兴，觉得"钱"值钱了。那么到底是不是这么一回事，人民币升值到底有没有表现得那么好呢？又到底是什么原因导致人民币升值呢？

人民币升值是相对其他货币而言的，指人民币的购买力增强。人民币升值是我国经济体系内部的动力以及外来的压力共同作用的结果。

简单来说，人民币升值就是原来1美元可以兑换8元人民币，现在1美元只能兑换6元人民币，这就说明人民币相对美元价值提升了。

人民币升值有内外两方面的原因：

内部原因，就是我国近年来经济稳定持续地增长，这与持续长久低迷的世界经济形成了强烈的反差，因此，人民币的汇率上升，人民币有了升值的趋势。

外部原因，就是日本与美国这两个国家一直叫嚣让人民币升值，并持续给予压力。

举例来讲，就像人民币升值之前，我国的陶瓷在国际上售价是100美元一件，升值后就变成150美元一件。因为涨价，国际上购买我国制造产品的人就会变少。这种现象将会影响我国出口企业的发展，一旦人民币升值，全球对我国产品的需求量锐减，这对我国出口来说就是"腹部插刀"。可见美国这样做，是暗中帮助美国企业增强出口竞争力，并且属于"干预下的不公平贸易保护"。

人民币升值对我国传统密集型产业将会带来很多不好的影响。假设人民币升值3%，我国传统劳动密集型产业的利润，就会下降到零。如果继续升值5%，我国的制造业出口将受到打击，我国南方很多出口零售工厂将损失巨大。

同理，人民币升值让做进出口生意的个人感到沮丧。例如，做外贸的朱先生，他每年都会和非洲做生意，但是所有的盈利都是按照美元结算。因为人民币升值，非洲对他下的订单大幅度减少，结算时，换取到手的人民币更少了！原本到手100万美元能够换800万人民币，人民币升值后，这些钱只能换出600万人民币。

而且人民币升值，朱先生在国内采购原料时，发现物价上涨，成本也提高了，他无形中损失了很多利润。

人民币值钱了，为何物价上涨，老百姓手中的钱，并非那么值钱呢？因为大量的"资本大富翁"借着人民币升值的趋势，大量储备人民币，人民币的需求量一旦增加，价值就会上涨。这种操控行为，直接导致大量的人民币涌入中国市场，货币的增加，直接导致通货膨胀，这就是引起物价上涨的主要原因。

当然，人民币升值也存在好处。当老百姓手中的人民币更值钱了，他们购买国外产品时，就会发现国外产品变得便宜。例如，很多国内的学生喜欢美国的唱片，人民币升值前一组唱片要花 560 元人民币，人民币升值后，再次购买同一组唱片，只需要 370 元人民币。

而且人民币升值，有利于减轻我国进口能源和原料的压力。我国作为能源资源匮乏的大国，这部分的开销压力相当大。降低进口能源和原料成本，我国企业将会大大降低成本，增强实力和竞争力。

人民币升值可谓喜忧参半，这就要看政府怎么对其进行宏观调控。好的经济政策必将引导我国经济往好的方向发展，防患于未然的同时，更利于我国长远发展。

活学活用经济学

1.个人投资策略的调整：人民币升值，如果你的资产大部分在外汇上，可以考虑减少美元资产，增加人民币资产。

2.出国留学：人民币升值可以减少出国留学的成本，可以借助这个机会申请国外留学。

3.海外购物和旅游：人民币升值，意味着人民币的购买能力增强，这时候可以增加海外购物和旅游。

国内生产总值（GDP）：做好事捡垃圾

国内生产总值，也称为经济的晴雨表。它通过反映一国或地区在核算期内所有常住机构单位的生产活动成果，揭示了经济发展的整体规模和水平。

国内生产总值指在一定时期内（一个季度或一年），一个国家或地区的经济中，所生产出的全部最终产品和提供劳务的市场价值的总值。

如果想要知道一个国家或地区的生产能力到底怎么样，总共创造了多少财富，就可以用 GDP 来衡量。根据 GDP 统计报告，我们可以观察到该国家或地区的经济是处在衰弱期还是增长期，并且可以反映出当前国家经济的变化趋势。

有这样一个幽默故事，很好地解释了 GDP 的含义：

甲乙两个富翁去野外散步，甲突然对乙说："你看到这路上的垃圾没？你如果去做好事捡垃圾，我就给你五万块钱。"

乙本来就愿意做好事，一看还有奖励，就捡垃圾去了。而甲如约定给乙五万块钱。后来回去的路上，乙突然高兴地对甲说："你也去捡垃圾好了。我也给你五万块钱。"

甲也开心地去捡垃圾，乙也爽快地把五万块钱给了甲。两个人回家后，看着彼此哈哈大笑："这样一来，我们什么钱都没有得到呀！"但是他们转念一想："可是我们不仅仅做了好事，还为 GDP 创造了十万块钱。"

这段幽默故事巧妙地揭示了 GDP（国内生产总值）的深层意义。故事中，甲乙两位富翁通过设定奖励机制，鼓励对方捡垃圾，并各自支付了五万元钱给对方作为奖励。尽管他们最终并未真正减少任何钱财，但是这一交易行为却创造了十万元的交易额，这些交易额被计入了 GDP。故事的核心还在于，GDP 不仅仅衡量物质产品的生产和消费，还涵盖广泛的社会活动和交易，这反映了 GDP 作为经济总量指标的全面性。

萨缪尔森是国际上著名的经济学家，他曾说："GDP 是 20 世纪最伟大的发明之一。"他将 GDP 比喻成一个国家经济气候的卫星云图。

正是因为有了国内生产总值这一项数据，国家领导人才能对国家经济总体状况做出相对准确的判断和了解。

如果没有 GDP，国家领导人对全国经济的宏观调控将失去"一双眼睛"，像盲人过河一样。

但 GDP 也存在局限性，要用科学的视角客观看待：

例如，GDP 所核算的数值内，并不包括家庭中为自己提供的没有报酬的家务劳动，家庭妇女打扫卫生和照顾家庭等活动所产生的价值，并不会得到计算。这都说明 GDP 并不能完全正确反映社会的劳动成果。

而且，在经济增长过程中，GDP 无法正面反映资源消耗的数值，以及对资源环境造成的负面影响。简单来说，GDP 的增长，并不能衡量环境变坏所付出的经济成本。

例如，你家里摆放一个花瓶，这个花瓶并不会产生GDP，但是家里的孩子不小心打破了这个花瓶，你就需要再去购买一个。这时，这些经济活动就会产生GDP。这对资源来讲却是一种浪费。可是，市场的各个环节却因为一个打碎的花瓶被动运作起来。

总之，国内生产总值（GDP）对国家和个人都具有重要意义，它是衡量一个国家经济状况和发展水平的重要指标，也是评估个人生活质量的重要依据。

同时，我们也要重视它的局限性，综合考虑多种因素来评估一个国家或地区的经济状况。

📈 活学活用经济学

1. 宏观经济决策：政策制定者会根据GDP的增长速度与趋势判断，来制定相应的国家经济政策，如货币政策和财政政策，这些决策都为了更好地实现经济增长和控制通货膨胀，保持国家经济稳定。

2. 对产业结构进行优化：对GDP进行分析，可以了解产业结构的变化，因此可以判断出国家或地区的优势产业。可以根据这些分析结果，制定相应的政策，来推动优势产业的发展，带动全国经济的发展。

3. 国际贸易谈判：GDP作为衡量一个国家或地区经济实力的重要指标，可以代表这个国家的经济实力和发展潜力。了解和掌握GDP，为对外谈判提供了有力的支持。

国民生产总值（GNP）：那些都是父母的事儿

国民生产总值等于国内生产总值加上来自国外的劳动报酬和财产收入，再减去支付给国外劳动者的报酬和财产收入。它是衡量一个国家或地区经济状况和发展水平的重要数据，反映了该国或地区的经济总体规模和经济增长速度。

国民生产总值是指：一个国家或地区所有国民在一定时期内新生产的产品和服务价值的总和，为重要的宏观经济指标。它是按照国民原则核算的，只要是本国或本地区居民，无论是否在本国境内或在本地区内居住，其生产和经营活动创造的增加值都计算在内；它同时指一个国家或地区所有常住机构单位在一定时期内（年或季）收入初次分配的最终成果。

举例来说，三星产业在我国的分公司所获得的总利润并不能记入我国的 GNP，而是要归于韩国的 GNP；而海尔集团在美国的公司所获得的利润，也不会计入美国的 GNP，而是归入我国的 GNP。这就是俗语所讲的："无论你在哪里发生了什么事情，都归自己的爹妈管。"

这点和 GDP 完全不同，GDP 强调地域性，如美国的分公司开在中国，那产生的 GDP 就属于中国。因此 GDP 重点强调创造的增加值，它属于"生产"，而 GNP 强调的是原始收入。对比之下，GNP 更能精准地反映一个国家的居民生活水平。国际上更是根据不同的目的，对 GNP 与 GDP 的指标给予不同的评价和关注。一般在研究每个国家的贫富差距时，经济学家会更加关注 GNP。而在研究各国的经济增长趋势和规律时，更侧重于研究 GDP。

国民生产总值的计算方法有三种：

第一种，支出法，也称为最终产品法，其公式为：个人消费支出＋政府消费支出＋国内资产形成总额（包括固定资本形成和库存净增或净减）＋出口与进口的差额。这种计算方法主要是反映国民生产总值的最终去向。

第二种，生产法，也称为部门法，是从各部门的总产值（收入）中减去中间产品的劳务消耗，得出增加值，其中各部门增加值的总和就是国民生产总值。这种计算国民生产总值的方法仅计算本部门的增值，它是按照提供物质产品与劳务的各个部门的产值来计算的。

第三种，收入法，也称为分配法，是将国民生产总值看作各种生产要素（资本、劳动、土地）所创造的增加价值总额。因此，它要以工资、利息、租金、资本消耗、利润、间接税净额（即间接税减政府补贴）等形式，在各种生产要素中进行分配。这样，将全国各部门（物质生产部门和非物质生产部门）的上述各个项目加以汇总，即可计算出国民生产总值。

在全球经济的背景下，GNP 具有特殊的实际意义。它不仅可以反映出一个国家在国际市场上的总产出，更可以衡量出这个国家在全球经济中的实际规模和影响力。同时，通过对 GNP 数据进行比较，我们可以了解该国在全球经济中的相对地位和发展水平。而且，每个国家的 GNP 数据，反映出这个国家在全球范围内的产业结构和活动分布状况。

综上所述，GNP 对研究全球经济市场的发展，做出了巨大贡献。

📈 活学活用经济学

1. 了解经济结构：分析国家 GNP 的具体构成，了解一个国家的经济结构，包括农业、工业、服务业等各个产业对国家的贡献，这有助于分析国家的经济发展动力点与增长点。

2. 预测经济走势：了解一个国家的 GNP，就等同于对其经济走势进行预测。具体分析 GNP，可以研究出一个国家经济的变化趋势，从而进行有效预测。

3. 制定经济政策：政府可以根据 GNP 及其构成，制定利于国家经济发展的经济政策，例如，对产业结构进行优化调整、制定相关法律政策促进创新、对国家资源进行合理配置，这些政策旨在促进经济发展。

税收：从"井田制"到"悯农政策"

税收，是现代社会生活的重要组成部分。税收的重要性，体现在它不仅有助于国家的经济发展，还有助于社会公平和稳定。同时，税收具有无偿性、固定性和强制性。

谈起税收，就要先了解一下我国税收的历史。我国古代最早的赋税制度起源于周代，从最早的以人丁税为主，到后来发展以土地为主。从最开始的不定期缴纳实物为主，到后来发展成以货币为主。

商周时期，出现井田制，这是中国最为古老的征税法则。后来，这一制度瓦解，鲁国推行了初税亩制度，这是中国税制历史上的第一次变革。到战国中期，商鞅开阡陌主持变法，土地实现私有化，国家开始根据土地收税。

秦汉时，汉武帝按照"编户齐民制度"进行征税。北魏时期，国家开始施行"均田制"，农民需要向政府缴纳租税，并承担一定的徭役和兵役。

等到了明代以后，税收就变得非常烦琐了。张居正推广了历史上鼎鼎有名的"一条鞭法"，就是政府不再征收物产，所有物产都折合为现银，统一征收。直到雍正时期，雍正帝推行了"摊丁入亩"的税收政策，他废除了以前的"人头税"，将丁银摊入田赋征收。

2006 年，中国的农民迎来了春天，政府宣布取消农业税，持续了两千多年的重担，终于在政府的"悯农政策"里被卸下。

马克思曾说："赋税是政府的经济基础，而不是其他任何东西，而国家存在的经济体现，就是捐税。"那么税收的定义到底是什么呢？

税收指的是，国家为满足社会公共需要，凭借公共权力，按照法律所规定的标准和程序，参与国民收入分配，强制地、无偿地取得财政收入的一种方式。

由税收的定义，我们可以归纳出税收的几个要点：

一、税收是国家以法律手段，强制性地建立起来的社会分配，这也指国家凭借政治权力进行收入分配。

二、税收是国家财政收入的主要来源。

三、税收具有无偿性的基本特征。这种无偿指国家不向纳税人支付任何报酬或代价。

四、税收具有固定性。也就是说，税收是按照国家法令法规的标准征收的，它具有一个稳定的征收时间，是固定的连续收入。

既然税收是强制性的，我国的公民和企业就要自觉履行缴纳税费的责任。来看下面的案例：

一家大型企业在过去的几年里，通过虚构交易、造假收入等手段，暗箱操作逃避了大量的企业所得税。税务部门在接到举报后，对该企业进行了调查，最终查实该企业的偷税漏税违法行为，并对其进行了法律制裁和处罚。

这个案例表明，税收具有法律的强制性，很多企业为了获取更多的利益，选择了违法逃税漏税。这都需要国家加强对企业的税法宣传和执行。案例中涉及了《中华人民共和国税收征收管理法》等相关法律法规，法律规定："纳税人必须依法申报纳税，不得有任何逃税行为，对于逃税行为，税务部门有权进行处罚，并追回逃避的税款。"

近年来，我国对个人所得税制度也进行了改革。让老百姓高兴的是，很多改革政策旨在减轻纳税人负担。例如，提高了纳税起征点，增加专项附加扣除等措施。这些税费改革，有效地提高了税收的合理性和公平性。

详细说来，税收有以下几种职能：

第一，组织财政收入：税收是政府凭借国家强制力参与社会分配，集中一部分剩余产品的一种分配方式。这就是税收组织财政收入的最基本职能。

第二，监督管理社会经济活动：国家在征税纳税的过程中，必然要在日常深入细致的税务管理基础上，具体查清税源，详细掌握情况，及时发现问题，监督纳税人依法纳税，并同偷税漏税等违法行为做坚决斗争，维护社会合法纳税的稳定性，并且监督社会经济活动方向。

第三，调节社会经济：政府凭借国家强制力参与社会分配，必然会改变社会各集团及其成员在国民收入分配占有的份额，减少他们可支配的收入。但是这种减少不是均等的，这种得失直接影响了纳税人的经济活动和行为，这都导致社会经济结构产生变化，政府正好利用这种影响，来合理调整社会经济结构。

在宏观经济中，税收的作用相当之大，它不仅促进了经济的稳定，合理调节了社会收入的分配，而且促进了社会的平等竞争。

📈 活学活用经济学

1. 提高纳税意识：只有从纳税意识下手，才能够更好保证政府纳税工作顺利进行。应加强税收宣传教育，提高公众对税收的认识、理解与支持。

2. 税务机关服务的优化：现在社会是"服务型社会"与"服务型政府"的结合体，所以要加强税务机关服务的优化，提高办税的便利化程度，降低纳税人的遵从成本。这样纳税人将会更加愿意纳税，并减少逃税的风险。

3. 优化税收结构：我国可以进一步完善税收制度，确保税收政策的公平性和有效性；简化税收管理的烦琐程序，降低企业缴纳税费的成本。这类措施的完善可以为企业创造更好的纳税环境，促进经济的发展。

货币政策：物价越高人们越疯抢

货币政策是指中央银行或货币当局为实现其经济目标而采取的重要手段之一。它通过对货币供应量和信用量的调节，影响宏观经济指标，从而实现对经济的调控。

货币政策也就是金融政策，是指中央银行为实现其特定的经济目标，而采用的调节货币供应量和信用量的方针、政策和措施的总称。货币政策的实质是国家对货币的供应根据不同时期的经济发展情况，而采取"紧""松"或"适度"等不同的政策趋向。其中通过运用各种工具调节货币供应量来调节市场利率，通过市场利率的变化来影响民间的资本投资，影响总需求来影响宏观经济运行。

简而言之：货币政策就是中央人民银行通过加息、减息，来对我国经济情况进行有效调节。

例如，我国市场经济出现了通货膨胀，那么中央人民银行将通过什么手段对市场经济进行有效干预呢？

首先，通货膨胀的根源是货币的超量发放。当市场上流通的货币量大于财富值时，货币就会出现贬值，从而引起相应的物价上涨。当物价飞涨时，老百姓就会出现恐慌，他们并不会将手里的钱留在口袋里，这就好比鸡蛋的价格本来已经涨到 6.5 元一斤，当出现通货膨胀后，老百姓都会担心鸡蛋的价格继续上涨，他们并不会因为物价高而不购买，反而是都去疯抢，这将出现越涨越买，越买越涨的现象。

这时候中央人民银行就会出手，为了解决这个问题，就要想办法抑制物价的上涨；而想要抑制物价上涨，最好的办法就是让老百姓不去花钱，当老百姓停止"疯狂购买"这种不理性行为时，物价就会得到控制。

于是中央人民银行会提高存款利率，中国家庭对储蓄可以说情有独钟，每个家庭几乎都有储蓄的习惯。所以当中央人民银行提高存款利率时，老百姓就会减少消费，将金钱存入银行，这样一来就控制住了消费。

消费减少，物价上涨就得到了有效的控制。

所以说，提高存款利率是我国货币政策中重要的组成部分，也是货币政策实施的主要手段之一。通过对银行存款利率高低和利率结构的调整，可以有效改变全国市场经济的资金供求关系，实现对市场经济的有效调整。

同时，提高存款利率后，全国的储蓄增加，也会抑制全国的经济投资。一般来讲，一家企业要想扩大投资，需要向银行贷款。拿到贷款后，企业需要采买大量生产原料，这样就会刺激消费，拉动市场活力。这无形中就会刺激物价继续上涨。这些都会对政府控制物价上涨造成阻碍。

这时，中央人民银行会以提高贷款利率的方式来调整市场经济。当企业贷款的成本提高了，企业就不会更多地去和银行借钱，不去借钱，就没有那么多的钱去购买生产原料，因此通货膨胀问题就得到了减轻和控制，所以，利率是解决通货膨胀问题的主要手段之一。

中央人民银行还会拿出另一个"撒手锏"，就是发行政府公债。通过发行公债，将老百姓手中的钱"收回来"，这样一来，老百姓手中的钱减少了，自然购买欲会下降，购买欲下降，通货膨胀引起的物价上涨就会得到有效控制。

以上讲述的，就是政府所施行的一部分货币政策。

货币政策可分为扩张性和紧缩性两种。

当通货膨胀严重时，中央人民银行所采取的就是紧缩性货币政策，通过消减货币供应的增长率，来降低总需求水平。在这种政策行为下，贷款相对控制和减少，利率也会随之升高。

但是，当总需求与经济的生产能力下降和持续低迷时，国家就会采取扩张性货币政策。

扩张性货币政策，又称为积极的货币政策，是通过提高货币供应增长速度来刺激总需求，刺激消费，拉动内需。在这种政策下，利率会降低，企业也将大量贷款。

总之，货币政策反映了社会经济对货币政策的客观要求，国家通过货币政策，促进经济增长并解决通货膨胀等市场经济问题，同时稳定物价、改善就业环境。

📈 活学活用经济学

1. 熟悉并了解货币政策：关注中央人民银行的公告和政策动向，及时了解货币政策，有助于对未来经济形势和市场经济形势做出正确的反映和预测。

2. 调整消费和投资计划：当货币政策宽松，利率低时，可以利用这种货币政策增加消费和投资；当货币政策收紧时，可以减少消费和投资计划，以提前应对可能出现的资金压力或危机。

3. 合理配置资产：了解货币政策的变化，就会对投资组合做出调整。例如，在货币政策宽松时，可以适当增加股票、债券等风险资产的投资；在货币政策收紧时，可以增加储蓄。

经管篇

优秀到卓越的底层逻辑

鲇鱼效应：为了活命的沙丁鱼

鲇鱼效应其实就是一种压力效应，经济学家研究发现，适度的压力和竞争力可以帮助企业保持良好的活力状态，更加有助于开发企业员工的潜能，从而提高个人的工作效率。因此应用"鲇鱼型人才"对于企业来说至关重要。

挪威人非常喜欢吃新鲜、活的沙丁鱼。因此市场上活沙丁鱼的价格比死沙丁鱼高出许多。原因就是沙丁鱼的捕捞并不困难，但是要想将沙丁鱼活着运回渔港，却很困难，因为绝大部分沙丁鱼会在回途中窒息死亡，这让渔民的收入大大减少。

为了解决了这个难题，有位船长绞尽脑汁，终于想到一个方法。他每次收队时，都会将几条巨大的食肉性鲇鱼放进装有沙丁鱼的鱼槽里。进入鱼槽的鲇鱼疯狂地追杀沙丁鱼，沙丁鱼为了活命，迫不得已，奋力在鱼槽中四处游动。这无形中激发了沙丁鱼的生命活力，这样一来，一条条活蹦乱跳的沙丁鱼就被运回了渔港。这就是著名的"鲇鱼效应"。

鲇鱼效应指采取一种手段或措施，刺激一些企业活跃起来投入到市场中积极参与竞争，从而激活市场中的同行业企业。喻意让鲇鱼在搅动沙丁鱼生存环境的同时，也激发了沙丁鱼的求生能力，其实质是一种激励，是让员工保持活力的秘诀。

"鲇鱼效应"还告诉我们，在没有鲇鱼的水槽中，沙丁鱼成堆懒散地待在水里，并不会去游动；而没有活力的沙丁鱼，是熬不过这段历程的，大部分将在运输途中死去，但鲇鱼的出现打破了这种死寂。为了活命，沙丁鱼都飞速地游动了起来。

这就好比企业，大部分员工就像是慵懒的沙丁鱼，长久的职业疲惫让他们沉在"公司的舒适底层里"，他们缺乏忧患意识，贪图稳定和安逸，企业也失去了竞争力和活力。

因此适当地引入"鲇鱼型人才"，来刺激员工内部的忧患意识，是十分必要的。来看下面这则小故事：

日本有一家经营了多年的铸造厂，它的业绩一直平稳，但并不出彩。员工经常迟到、早退，且没有干劲，这导致工厂的产品质量经常不过关。企业管理者发觉这样下去不行，他转动脑筋，很快想出了办法。

这个工厂是昼夜两班轮换制。企业管理者趁大家下夜班时，在门口拦住了一名铸造员工，问："你们今晚的铸造流程一共做了几次？"

铸造员工答："6次。"

管理者听到后什么话都没有说，就是用粉笔在地上写下一个大大的"6"。

第二天早上，早班的员工来交接，他们看到地上的"6"后，竟然在白天使劲地铸造了8次，并高兴地在地上重新写了个"8"。到了晚上，晚班员工看到"8"，心里不服输，斗志昂扬，竟然做了10次铸造流程，而且在地上写下"10"，过了不到一个月，这家工厂就成了当地最好的一家铸造工厂。

这个案例中的管理者，就是在失去活力的企业中，巧妙运用了"鲶鱼效应"。他仅用一个数字，就勾起员工们的"竞争心"，从而无形中提高员工的士气。这家工厂的员工本来像极了"死气沉沉的沙丁鱼"，由于有了"鲶鱼"激励，企业内部开始不再安于现状，而是争先恐后地博取绩效。由此可见，"鲶鱼效应"是激活企业竞争力的根本手段。

一个企业如果员工长期稳定不变，就会缺乏竞争力和生机。这时候企业可以通过引入特殊激励型"鲶鱼人才"，来搅动"沙丁鱼员工"的办公频率。当内部人员的竞争力增加，并且为企业输送新鲜人才血液时，企业上下会焕发新的生机和活力，最终提升老员工的积极主动性，促使他们在良性的竞争刺激下高效工作。

📈 活学活用经济学

1. 团队开发：利用"鲶鱼效应"，企业管理者可以开发竞争性团队。引入新的团队竞争性人才，设定奖励目标，可以激发团队人员的竞争意识，从而提高团队的工作效率。

2. 个人发展：利用"鲶鱼效应"，给自己的人生目标设置激励方案，例如，设定具有挑战性的个人目标、参加知识竞赛、出国留学等，通过竞争和努力，促进个人的高效发展。

3. 商业发展：通过与竞争对手的良性竞争，企业与企业之间形成良好的市场竞争力，从而促使企业员工不断进步，提高技术与企业创新能力，从而提高企业的竞争力。

内卷化效应：你为什么要放羊

内卷化效应是一个复杂的现象，它不仅存在于经济领域，还涉及社会、文化、教育等多个领域。这个概念原本是由文化人类学家提出的，主要是描述一个社会或文化在发展到一定阶段后，由于缺乏新的发展模式或动力，而陷入停滞或衰退的状态。

有位电视台记者采访了一个放羊的男孩，曾留下这样一段经典对话。

记者问这个放羊的男孩："你为什么要放羊？"

"为了卖钱。"

"你卖了钱准备干什么呢？"

"娶媳妇。"

"那娶媳妇干什么呢？"

"生孩子。"

"生孩子干什么呢？"

"放羊。"

这段对话，其实很精辟地反映了当今社会上很大一部分人的"重复性人生缩影"。

　　并不是只有农民才这样循环往复地生活，当代社会很多企业和个人，也在他们疲倦的领域里，过着这种停滞或者衰退的重复性生活，我们将这种状态称为"内卷化"，也就是当今老百姓口中常说的话，活得"很卷"。

　　在经济学中，这种状态被称为内卷化效应。那么这个词语到底是怎么得来的呢？

　　一位名叫利福德·盖尔茨的美国文化人类学家曾在爪哇岛生活。

　　在岛上，这位文化人类学家潜心研究当地的农耕文化与生活。经过常年的观察，他发现当地的农民都是种地、收割，日复一日，年复一年。原生态农业每年都维持着同样的田园状态。这位文化人类学家，将这种长期停留在一种简单重复、没有进步的轮回状态，冠名为"内卷化"。这就是内卷化的由来。

　　内卷化效应指：长期从事某一方面的工作，水平稳定，不断重复，进而自我懈怠，无渐进式增长，无突变式发展，对即将到来的变化没有任何准备，完全缺乏应变能力。

　　后来，经过文化的传播和发展，内卷化这一概念被广泛应用到政治、教育、经济、文化及其他学术研究中。

　　这种很卷的现象，在我们的社会生活中无处不在。一个人如果陷入一种懈怠的状态，不知道改变观念，整日不思进取，就好比掉入泥潭，每天懒散地重复着机械化的工作，那么他将会裹足不前、原地踏步。这种对工作失去热情的心态，就是内卷化。

　　例如，王君是一家企业的职员，从他20多岁进入这家公司，就没有给自己规划职业生涯，他每天就是打发日子一般完成当天的工作。十年过去，王君仍旧还是当初那个普通的职员，和他同时进公司的同事，早已经升职，只有他原地不动。

再例如，一些家族企业，外部看起来光鲜亮丽，但是内部管理落后，内卷化现象十分严重。这些家族企业实行家族化管理，所有的重要岗位都被家族成员占据，他们的管理哲学是"一家亲胜过一切"，于是企业内部，家族抱团政策与管理，淹没了一切外来优秀人才的声音。这导致外部的优秀人才很难真正做出巨大贡献，而且很难留住真正的人才。

几十年过去了，企业还是老旧的设备、老旧的人员、老旧的规模和管理，很多东西都是一成不变。这就是一种很典型的内卷化状态。

深究内卷化状态产生的原因，可以观察到，无论是企业还是个人，都是观念过度陈旧。正所谓："你有多高的认识维度，你就有多大的世界和生活维度。"

这些守旧的个人或企业，都没有不断进取的精神。一个人或者企业，如果没有斗志，每日都安逸地生活在自己的舒适区内，那么他们不仅是原地踏步，而且很可能会不断倒退，最终被社会淘汰。

📈 活学活用经济学

1.提高自身素质：无论在哪个行业或者领域，不断精进学习，提高自己的专业素质和个人素养，都是解决内卷化问题的根本。通过不断学习，提升自己的价值，让自己不再止步不前、一成不变。

2.不断创新与进步：创新是企业和个人突破内卷化的关键。当一个人或企业具有创新精神时，他就不会满足"日复一日""年复一年"停滞不前的生活状态，创新可以让个人与企业突出重围，获得更多的机会和收益。

3.关注心理健康：内卷化容易让人焦虑和产生压力，这时候关注心理健康十分重要。可以适当地去运动、旅游、读书，娱乐，让自己快速从内卷化的低落心态中走出来。

消费者示范效应：贝克尔太太的选择

消费者效应指受外界因素影响所诱发的，不顾生产力水平和经济条件，去模仿过高的消费水平和消费方式的经济现象。

诺贝尔经济学奖获得者加里·贝克尔，在他的著作《口味的经济学分析》中，简单提出了"消费者示范效应"理论。说起来非常有趣，他告诉记者，这个理论的提出，与他和太太经常去餐厅就餐的经历相关。

当时，在加利福尼亚有两家海鲜餐馆，贝克尔发现，他的太太总有一个非常奇怪且有规律的行为，就是在两家菜品质量和环境几乎一样的餐馆中，他的太太总是会选择那家人满为患的餐馆。贝克尔非常好奇，经过细心研究，他得出了后来获得诺贝尔奖的基础理论之一：

理性的人们支持他们自己的生活方式。也就是说，人们在抉择时是否理性，取决于他们的生活方式。

因此，他告诉人们，不可能存在一个行动对于每个人都是理性的行动集。也就是说，消费者对于某些商品的需求，取决于其他消费者对这些商品的需求，这就是消费者示范效应。

经济学给消费者示范效应这样定义：消费者的消费行为要受周围人群消费水准的影响，如果一个人收入增加了，周围人收入也同比例增加了，则他的消费在收入中的比例并不会变化。而如果别人收入和消费增加了，他的收入并没有增加，但因顾及在社会上的相对地位，也会打肿脸充胖子地提高自己的消费水平。这种心理会使短期消费函数随社会平均收入的提高而整体向上移动。

具体来讲，示范效应在引导人们消费时，可能带来好的影响，也可以带来坏的影响。

例如，商场旁边新开业的两元店，由于精准定位低消费群体为目标，店家备好了几百种小商品，一开业就引来人们蜂拥抢购，越来越多的人被其他人的抢购吸引，他们也跟着"消费者示范效应"行为，加入购买的队伍里。

以上是消费者示范效应好的影响力。好的消费者示范效应，不仅促进了商业的创新和市场的可持续发展，还拉动了经济的增长。

消费者示范效应也有很多不好之处。例如：

同事新买了一款名牌包，在办公室展示了一番。一位家境并不富裕的女孩子，由于攀比心理，咬牙用两个月的工资也购买了一款名牌包；

一起去逛街的两个人，一个是富人，一个普通工薪阶层，看到富人出手阔绰，普通工薪阶层为了不丢面子，也打肿脸充胖子，购买了相对昂贵的礼品。

以上种种都表明，在消费者示范效应下，人们的虚荣心被激发和放大，当一个人引领了一些潮流或者某种品牌消费时，其他一些人因为虚荣心作祟，也会跟随其后。

除此之外，消费者示范效应还有引领潮流的作用。

一个群体内总有人要带头，这些带头人，并不喜欢和别人穿同样的衣服，背同样的包，戴同样的手表。他们标新立异，特立独行。他们的消费心理导致他们创造出一种新的消费潮流，这种潮流引领时尚，使他们具有一定的时尚消费者示范效应。

在我们得知了消费者示范效应的正负作用后，就知道怎么去扬长避短，让我们通过这种效应获利。

活学活用经济学

1.商家利用网红创造收益：网红在消费者示范效应中发挥着重要作用，他们的关注者的模仿能力很强，可以利用他们的推荐和引导，来影响消费者的消费决策。与各大网红合作，企业可以增加营业额，开拓市场。

2.创造社交共享体验：鼓励消费者在消费产品后对产品进行体验分享。例如淘宝的好评，可以有效吸引人们购买。这种好的正向分享可以刺激消费欲望，拉动人们跟随购买。

3.建立品牌故事营销：讲述品牌故事可以引起消费者的共鸣和兴趣，通过激发消费者的情感反应，引起消费者示范效应。在人们传播品牌故事的同时，也就增加了对产品的购买力。

破窗效应："小题大做"

> 破窗效应告诉人们，人非常容易受到环境的影响，不良的环境容易滋生不良的行为，如果不及时制止和弥补错误，可能会造成意想不到的损失和严重后果。

破窗效应，也称为破窗理论，是由詹姆士·威尔逊和乔治·凯林提出的。这个理论的基本观点是，环境中的不良现象，如果被放任，会不停诱使人们效仿，甚至变本加厉。这种现象就像一扇破窗，如果不及时修补，就可能引导人们去破坏更多的窗子，甚至可能引发一系列更为严重的后果。

这个理论来源于一个著名的实验。当时，美国斯坦福大学心理学家菲利普·津巴多找来两辆一模一样的汽车，一辆停在中产阶级社区，另一辆停在相对杂乱的地区，把车牌卸掉，打开车窗。结果很快这辆车的车窗被打烂，车里的东西也被偷走。不久后，这辆车的轮子被卸掉，最后整辆车也被人偷走。而停在中产阶级社区的那辆车，停了一个多星期，都完好无损，没遭受任何破坏。这项实验表明，环境中的不良现象，会引导人们去做更多的不良事情。

在日常生活中，常见破窗效应。例如，一面洁白的墙壁，如果被涂鸦，很快就会被涂满墙；过马路时，一旦有一两个行人闯了红灯，就会有大批的行人跟随其后，一起闯红灯；一个干净的校园操场上，没有一个孩子乱丢垃圾，操场很干净，但要是突然有几个孩子乱丢垃圾，没多久，整个操场就垃圾成堆。这都是破窗效应的表现。

经济管理学中，破窗效应更是引起企业领导者的重视。他们深知如果一些"小问题"不及时解决，不"小题大做"，可能就会酿成大错。下面来看一个例子：

有一家美容机构，要求员工上岗必须穿制服和佩戴工牌，这家美容机构一共有 75 个员工，该机构管理特别严格，如果发现没佩戴工牌，罚款 100 元。

最开始，员工们都很自觉地上班时佩戴工牌。但有一次，一个员工因为发高烧，忘了佩戴工牌。领班觉得情有可原，而且不是什么大事，就没有处罚这个员工。

万万没有想到，就是这一件小事，仿佛触发了员工们的某个开关一般，两个月后，上班没有佩戴工牌的员工发展到 26 人，最后一发不可收拾，居然发展到大家都不佩戴工牌。

员工们甚至想，工牌戴不戴都一样，那其他规定不遵守是不是也一样呢？有了这种心态，渐渐地，该美容机构员工的精神面貌大不如从前，工作效率和业绩大幅度下降。

这就是一个典型的"破窗效应"案例，由于案例中对个别错误的忽视，领导者没有就这个错误"小题大做"，这个犯错的人没有受到惩罚，团队就出现了跟风现象，久而久之，团队就处于懈怠状态，最终导致严重的后果。

在企业管理中，领导者一定要保持一定的警惕，勿让一件小事发酵，影响了整个企业的运作。要认识到破窗效应的可怕性，不能姑息任何违反规定的事情。

破窗效应给人们一个重要的警示：社会中，要重视环境整洁和社会秩序的重要性；企业管理中，对于企业中小的"错误和不守规矩的行为"要及时惩戒和制止。所谓"千里之堤，溃于蚁穴"，一定要防患于未然，建立忧患意识，企业才能立于不败之地。

📈 活学活用经济学

1.企业应该提高发现问题的警觉：对于任何员工，一旦发现触犯了轻微的错误，都应该引起重视，重点分析背后的原因，教导员工不要再犯，并且制定严格合理的奖惩制度。

2.规范自我的行为：所有的员工都应该有规范自我的意识，可以定期对员工进行规范自我意识的培训，制定完善的企业员工规范手册，进行科学化的企业管理。

3.及时解决问题：破窗效应中最重要的一点，就是发现问题后却没有及时解决，将会酿成大祸。那么发现破的"窗户"，就及时去修复，积极面对企业中的任何问题，主动承担责任，从而从根拔除不好的影响。

4.企业内部多进行道德教育内容的培训：对于员工之间存在的过失问题，企业以道德教育的方式化解员工心中的"从恶性"，使该企业的员工有着良好的职业操守，遵纪守法，努力工作。

奥格尔维法则：套头娃娃里的小纸条

一个优秀的企业需要由一些优秀的人才组成。为了构建好的企业团队，管理者需要扩大心胸，敢于知人善任，留住那些比自己更强大和出色的人才。

美国奥格尔维·马瑟公司的总裁奥格尔维召开了一次董事会，每个参会的董事面前都摆放着一个相同的玩具娃娃。

奥格尔维笑着说："请大家打开这个娃娃吧，这个娃娃就代表你们自己。"

董事们打开娃娃时，惊奇地发现，原来这是一套套头娃娃，打开每个娃娃里面都有另一个更小的娃娃，连续套着一堆小娃娃。当董事们打开最后一层时，里面是一张奥格尔维写的纸条："如果你永远都只任用比你水平低的人，我们的公司将沦为侏儒公司。如果我们每个人都任用比我们更强的人，我们的公司就能成为巨人公司。"

这个故事讲的就是奥格尔维法则的由来。奥格尔维法则指每个人都雇用比自己更强的人，公司就能成为巨人公司；如果你所雇用的人都比你差，那么他们就只能做出比你更差的事情。这个法则向企业管理者指出重要的一点，即优秀的人才是企业生存的根本之道，善用比自己强的能人，可以为企业带来巨大的发展。

一家优秀的企业，不仅要有好的科技力量、丰厚的财力、优质的产品，更需要优秀的人才。领导者只有敢于任用比自己还强的人，才能为企业带来创新和发展。

来看两则案例：

一家塑料制品厂，整个工厂的领导班子人员都来自工厂老板的亲属圈子。这些人平时能勉强完成工作，一旦遇到大问题，就需要找老板亲自解决。老板一个人哪里解决得过来，因此工厂常年积压问题过多，在这种情况下，工厂管理一片混乱，直接导致工厂严重亏损。

这个工厂曾经也有一位特别出色的销售部经理，可以一个人为整个工厂带来大额订单。但老板是个小心眼之人，他担心这个经理太优秀了会影响他的威严，于是将经理赶走了。

这个老板的任人之道，就是找比自己弱的人，所以这家工厂很快就倒闭了。

这则案例讲的就是："如果你所用的人都比你差，那么这家企业将成为一家侏儒公司，最终走向弱势灭亡。"只有企业管理者懂得善用人才，才可以为企业带来巨大的价值。所以，企业管理者都要有容人之量，选用比自己更优秀的人才。

日本企业家松下幸之助深谙此道，他曾在记者采访时说："经营者善用比自己能力优秀的人才，是成为经营者的根本条件。"他是这样说的，也是这样做的。他每年都会花重金四处寻找优秀人才，并高薪聘用。因此他的公司所向披靡，创造出很多业界的神话。

一家企业，一旦拥有众多精兵强将，就拥有了强大的创造力和生命力。奥格尔维法则是一个重要的人才观，在人力资源管理中，企业需要根据奥格尔维法则，制订合理的人才招聘和任用计划，提供更好的薪资待遇和福利，注重人才培养和发展，从而在激烈的市场竞争中，让企业成为"巨人公司"。

📈 活学活用经济学

1. 招聘优秀人才：通过面试、笔试和综合素质测评，面向社会选拔优秀人才，这个过程应该注重了解求职者的能力和潜力，而不仅看他的学历。

2. 激发员工潜力：管理者应该善于激发员工的潜力，为员工创造挑战和成长的机会，让他们在实践中不断完善自己、不断提升进步，从而在工作中实现自身价值的最大化。

3. 提供培训和发展机会：公司应该为员工提供培训和发展机会。例如，组织国外学术培训、职业发展规划、内部培训等，帮助员工快速成长。

4. 建立良好的薪资政策：以优质的薪资政策，来吸引比管理者还优秀的人才，并且通过高薪，让企业可以留住人才，让优质人才为企业创造更多的价值。

奥卡姆剃刀定律："一页备忘录"启示

奥卡姆剃刀定律，是一种很重要的思维工具和方法论，它提醒我们，在解释现象和解决企业问题时，要保持简洁和有效，避免不必要的复杂化和无用的实体。

任何时候，复杂都容易使人迷失，只有简明的操作才利于人们思考和解决问题。何况随着经济与社会的高速发展，每个人的时间和精力变得十分有限，简明就显得越发重要。很多管理者整日忙忙碌碌，却不一定具有高效的管理效果。究其原因，正是缺乏简明而高效的管理策略，可见管理之道就是简化之道。

奥卡姆剃刀定律，是由 14 世纪英格兰逻辑学家奥卡姆提出的。这一定律的核心思想是"如无必要，勿增实体"，即"简单有效原理"。

奥卡姆剃刀定律指的是，在解释现象时，应当避免不必要的假设和复杂的理论，以最简单的解释作为最优选择。

这一定律被广泛应用在经济学中，它鼓励企业管理者与员工追求简洁、有效的解决问题方案，避免过度复杂化和无用的实体。在企业管理中，它还用来指导决策的简化和流程优化，帮助企业避免多余和无用的人力、财力投入，提高企业竞争力和效益。

宝洁公司要求制度必须精简。这完全契合奥卡姆剃刀定律。宝洁公司之所以能够成为世界 500 强公司，就是因为它懂得利用这一定律。

宝洁公司甚至严禁任何超过一页的备忘录，推行简洁、高效、卓越的工作方法。该公司总裁哈里为这项工作制定要求，命名为"一页备忘录"工作法。他说："从意见中择出简洁事实的一页报告，是宝洁公司决策的基础。"他会退回所有超出字数的表格和文件，并下命令："把它简化成我最需要的东西！"假如他接到的文件过于烦琐，他会告诉下属："这份文件我看不懂，我只需要最简洁的重要内容！"

宝洁公司无疑是成功的，"一页备忘录"便于员工和领导集中精力解决主要问题。而且这种简洁化大大提高员工的办事效率，这对企业来说，是一种"核心竞争力"。

奥卡姆剃刀定律被应用在多家知名企业中，都取得良好的效果。

我们做一件事情时，通常可以这样思考："我是否需要做这件事情？""这件事情能不能不做？""能不能用更简便的方法来做？"当思考明白这三个问题时，也就学会了用最简明的方式处理复杂的问题。

把简单的事情变复杂很容易，但是把复杂的事情变简单则需要精减与取舍。

📈 活学活用经济学

1.工作中决策方面：工作中，利用奥卡姆剃刀定律优化问题，分析和制定解决方案。例如，在制订工作计划时，可以采用最简单、最有效的方法来完成任务，避免过度复杂化流程。

2.个人决策方面：可以运用奥卡姆剃刀定律来快速判断选项的优劣，对自我做出最精准的分析和定位。

3.在团队合作方面：不断培养员工的独立思考能力，学会在复杂的事态中识别出最重要的信息，加强团队的沟通，保证团队做事的效率。

生活篇

明明白白地消费

信贷消费：花明天的钱办今天的事

信贷消费是指消费者通过向银行或其他金融机构申请贷款，以购买商品或服务的一种消费方式。这种方式允许消费者在今天就能享受到所需的商品或服务，而不需要等到他们有足够的现金储蓄。

随着时代的发展，现在越来越多的人习惯"花明天的钱，办今天的事"。例如，支付宝"花呗"，可以先花钱购物，分期付款，等到还款日再还款。再例如，向银行贷款购买房、车，这些都是一种"超前消费"，也就是信贷消费。

信贷消费是一种金融交易方式，涉及消费者为了购买耐用消费品（如家具、家电、汽车等）、房屋或享受各种服务，向银行或其他金融机构申请并使用的贷款。

这种消费方式通常需要消费者在约定的时间内必须偿还本金，并支付一定的利息。信贷消费不仅包括银行提供的消费信贷，还涉及其他经营者对消费者的赊销行为。消费者可以通过信用、抵押、质押担保或保证方式获得贷款，从而实现及时的资金需求满足，促进消费和扩大内需。

如今，信贷消费的理念被现代年轻人普遍接受。那么，信贷消费到底有没有这么好呢？你是否适合提前消费？

小王是一家房地产公司的员工，他一个月工资是4500元。为了购买婚房，他从银行贷款80万元，购买了一套98平方米的房子，为此每月需要还贷款3400元，自从小王背上了这80万元的贷款，就过上了极其节俭的生活。他不敢去外面的餐厅吃饭，不敢看电影，不敢喝酒，更不敢买衣服和其他多余的日用品。连几块钱一斤的水果，都必须考虑好了再购买。

每每想到这样的日子要过几十年，小王就后背发凉，不寒而栗。

信贷消费最早出现在西方。对于西方国家来说，倡导信贷消费，与资本主义国家经济发展的特殊时期有关。在经济低潮期，市场消费萎靡，经济市场不景气。这时候采用个人信贷消费，就可以促进市场经济的发展，扩大内需，有效解决经济难题。

后来，国内消费需求不足，市场需要发展，因为信贷消费会为经济发展带来很大好处，所以信贷消费就这样在国内盛行开来。

消费信贷市场上，不仅有房贷、车贷问题，滥用信用卡造成个人信誉危机，也是当今社会"超前消费"理念流行后产生的问题。

例如，小美一个月的工资仅有3500元，但是她喜欢购物，喜欢名牌护肤品，于是办理了六七张信用卡。随着小美透支信用卡的次数越来越频繁，她开始还不上欠款，最终银行停了她的信用卡，她也成了失信人员。

信用卡本是建立在消费者个人信用和支付能力之上的，同时体现出发卡机构对经济前景超前消费的正面希望，但如果持卡人盲目消费，不结合自己的经济实力，去购买超出能力范围的物品，这无疑是给自己和银行上了一道"经济毁坏枷锁"，最终个人的信用度降低，而银行也自认倒霉。

信贷消费虽然好，但是对于个人，还是需要时刻保持清醒，不可盲目去进行大额贷款。

说起来容易，做起来却很难，因为年轻人追求美好的生活享受，而且对于自己的经济实力容易盲目自信。

只不过，天有不测风云，经济大环境也是瞬息万变。平时的还贷只是加重信贷消费者的负担，一旦有了特殊情况，月供还不上，他们就将被"逼上绝路"。

所以，年轻人面对信贷消费，一定谨慎。无论是信用卡透支，还是房贷、车贷，都要量力而行，千万不可盲目借贷。

📈 活学活用经济学

1.评估自己的还款能力：在信贷消费前，需要对自己的还款能力进行评估。包括考虑自己的收入状况、支出状况以及未来收入预期因素。在确保自己有还款能力后，才可以进行信贷消费。

2.合理规划信贷消费用途：信贷消费一定是理性的。要合理规划自己的生活，只购买必需的生活消费品，以此来提高生活质量或者实现个人目标。例如，可以通过信贷消费来购买房、车和大额消费品，或者通过信贷消费来支付教育、医疗等必要支出。切记不可爱慕虚荣。

3.注意贷款利率和费用：银行不同的贷款产品有不同的利率和费用，一定要对比不同的产品，选择适合自己的贷款产品。

消费者剩余：赔钱大甩卖的真相

　　到底什么是消费者剩余呢？最简单的说法，商家让利给消费者的部分利润，就是消费者剩余。

　　马歇尔在《经济学原理》一书中指出：一个人对一物所付的价格，绝不会超过，而且也很少达到他宁愿支付而不愿得不到此物的价格。

　　也就是说，人们都希望以自己心理预期价格购买到某种商品，如果购买到此商品的实际价格小于心理预期价格，人们就会从购物中获得满足；如果商品给出的售价高于心理预期价格，就会放弃购买行为，同时也会产生一种满足（虽然我没有购买到商品，但是我没有失去金钱）。这两种满足感，显然第一种满足感更大，这就是所谓的消费者剩余。

　　简单来说，消费者剩余又称为消费者净收益，是指消费者在购买一定数量的某种商品时，愿意支付的最高价格（即支付意愿）与实际支付价格之间的差额。这个差额衡量了消费者在购买商品时所获得的额外利益或满足感。

　　举例来看：

　　美媛看上一件红裙子，裙子标价 200 元，美媛觉得很贵，就跟老板讨价还价 150 元卖给她。老板不愿意，说："150 元我就赚不到钱了！这件裙子最低 180 元，否则不卖。"美媛不死心，和老板砍价一轮后，最终老板以 150 元的价格将裙子卖给了她。

美媛以她期望的价格购买了裙子，开心地回了家；老板数着手里的 150 元，心里更是乐开了花，因为这件裙子的进价其实只有 40 元，他足足赚了 110 元。

之所以表现出低价不卖和"不赚钱"，就是为了满足美媛的"消费者剩余"满足心理。

由此可见，美媛的心理预期价格是 150 元，在与老板讨价还价的过程中，美媛得到了她心中满意的价格，这种心理满足感就是消费者剩余。得到消费者剩余满足感的消费个人，一般都会觉得，自己购买到"便宜"与"合适"的商品，即使这只是商家的策略和假象。

懂得了消费者剩余的概念，就能够理解商家为什么喜欢搞"大促销"，实际上，商家并不一定真的"赔钱大甩卖"，只是这种策略会让消费者得到很大的心理满足。这种"消费者剩余"的满足感让顾客觉得占了便宜，实际上商家才是真实的获利者。而且商家在给商品定价时，会根据此方法提高商品售价，无形中提高消费者剩余的空间，这样消费者只要看中了商品，即使打了折扣，商家也会获得大额利润。

明白了消费者剩余原理，作为消费者，在购物时，就应当表现得"冷淡"一些，所谓"商家有策略，顾客有谋略，互不相让"，就看拼价格时，谁技高一筹了。

例如，一位顾客想买一斤苹果，她就不能爱不释手地摸着苹果问："多少钱一斤？"小贩看到她爱不释手，可能一块五一斤的苹果，他会说成"三块钱一斤"。这是由于顾客暴露出有较多的消费者剩余，所以小贩会故意抬高价格。即使这个价格太高了，若顾客还是觉得挺划算，就会满心欢喜地买下来。

这个案例告诉消费者一个道理，如果你想购买某件商品，一定不要表现出对这件商品的浓厚兴趣。心理战术非常重要，你可以表现得若无其事，或者"不太满意""可买可不买"，这样一来，小贩就不敢随便抬高价格。

另外，当消费者懂得商家的套路，就可以对砍价进行得彻底一些，一般商家所谓的"底线价格"距离成本都还很远。购买时要想真正物有所值，就可以依据经济学"消费者剩余"原理，对价格进行科学摸底评估，从而掌控买卖市场的价格主动权。

📈 活学活用经济学

1.比较购买：消费者为了避免高价购买商品，可以对不同商家的价格进行对比，包括查看商品的折扣、促销活动等，以求以最大的消费者剩余购买到商品。

2.谈判和议价：在购买一些大型商品时，消费者可以与商家进行价格谈判和议价，询问有没有最大的折扣或优惠活动，以自己的最低价位进行压价。

3.做出明智的购物决策：通过对消费者剩余概念的理解，消费者可以在购买商品时更理性，他们可以评估自己购买商品的合理预算，而不是一味听商家的低价。

节俭悖论：越铺张越繁荣

节俭悖论指出，在某种情况下，个人的节俭行为可能会导致整个社会的经济衰退。虽然个人和家庭的节俭行为可以在一定程度上增加财富，但是在国家整体经济大环境下，这种行为却是"不利的"。

中华文化里有一句："节俭就是美德"，这是时代倡导下的观念，但是在经济学中，这个观点被颠覆了，也就是说，节俭不但不一定能够变得富有，有时适度地"挥霍"和"扩大消费"，才符合经济市场的发展规律，并且整体拉动消费内需的同时，促进每个家庭的"财富"更快地增长。

18世纪的时候，荷兰医生曼德维尔曾在《蜜蜂的寓言》一书中诠释了"节俭悖论"。

书中，他用拟人化的手法，生动讲述了蜜蜂王国的贪婪、欲望、嗔恨、享乐，它们极尽地追求自己的利益。令人惊讶的是，蜜蜂们天天铺张浪费、大吃大喝过着奢靡的生活，但整个蜜蜂王国一片繁荣，非常兴旺。

直到有一天，蜜蜂们幡然醒悟，开始推崇节俭、节欲等高尚的道德观念。无蜂消费，曾经火爆的市场经济一下子衰落，经济出现萧条，整个蜜蜂王国逐渐衰败，最后走向了灭亡。

　　这则离经叛道的寓言，表明的就是"节俭悖论"。由经济学家凯恩斯推广而流行起来。根据凯恩斯主义的国民收入决定理论，消费的变动会引起国民收入同方向变动，储蓄的变动会引起国民收入反方向变动。但是根据储蓄变动引起国民收入反方向变动的理论，增加储蓄会减少国民收入，使经济衰退，是恶的；而减少储蓄会增加国民收入，使经济繁荣，是好的，这种矛盾规律就是节约悖论。

　　20世纪30年代，美国正处于经济大萧条时期。当时美国公民对经济发展失去信心，处在极度的悲观和绝望之中。人们普遍认为不要消费，尽可能地将钱存起来，这样家家才能渡过经济难关。按照常理，省吃俭用，一定可以使日子富起来。但事实正好相反，由于人们普遍不愿意消费，美国经济一下子跌落历史最低点，而且让美国经济完全丧失活力，彻底陷入更严重的危机之中。

　　在经济学家看来，节俭对美国经济和社会来说，并不是一件好的事情，因为节俭意味着购买力减少，购买力减少，厂商就会削减产量，工人就会失业。就业减少，就会阻碍经济的发展。所以，在经济萧条时期，一味节俭，让美国的经济陷入更悲观的地步。于是，节俭悖论被美国经济学家第一次重视。

　　这就是为何《蜜蜂的寓言》中的蜜蜂"挥霍"，反而刺激经济增长，给蜜蜂王国带来繁荣的底层逻辑。

　　但是，一味地倡导"消费"也不正确。"过度消费"仍旧是不可取的。一味地拉高消费，甚至"超前预支消费"，会给一个家庭带来负面影响。

　　虽然社会经济的繁荣发展，需要扩大消费内需，鼓励人民松开"钱袋子"，鼓励"节俭悖论"的消费心理，但消费者也要注意，消费需理性，切忌过度消费。

在经济学中，节俭虽然是一种悖论，但节俭仍旧是一种理性的文化，经济学鼓励消费者加大消费和投资，但是消费者要有计划地消费。

📈 活学活用经济学

1. 投资与消费：投资是可以推动国家经济增长的重要方式之一。在节俭的同时，可以同时进行投资，例如，创业、投入教育资金、技能提升、美体健身等，这些都可以为未来的经济增长和个人成长奠定好的基础。

2. 适度扩大消费：根据节俭悖论，消费者应该熟悉市场经济状况，在经济繁荣时期，适当增加消费，而在经济衰退时期，适当减少消费，增加储蓄。根据市场，平衡好我们的经济状态。

吉芬商品：抢购高价土豆的玄机

　　吉芬商品是一种低档的、非奢侈品的商品。当价格上涨时，市场对吉芬商品的需求会增加；当商品的价格下降时，对吉芬商品的需求会减少。

　　19世纪，英国学者罗伯特·吉芬在爱尔兰观察到一个奇怪的经济学现象。在普通经济学中，需求定律都是反方向变动的，指在其他条件不变的情况下，一般商品的需求与其本身价格之间呈反方向变动，即商品的价格上升，需求下降；商品的价格下降，需求增加。但是他发现存在一种类型的商品，正好与这种需求定律相悖。

　　例如，白菜的价格上涨了，按理说，人们就会减少对白菜的购买，但是罗伯特·吉芬发现的现象正好与此相反。

　　1845年，爱尔兰发生了灾荒，农产品的价格都开始疯狂上涨，尤其是肉与土豆，价格一路飙升。按照经济学需求理论，土豆与肉的价格飙升，那么需求应该下降。但是，事实并非完全如此。其中，肉的需求确实随着价格的飙升而下降，但土豆的销售量不仅没有因为价格的上涨而减少，反而卖得更加火爆。

　　罗伯特·吉芬发现了这件事情，他仔细研究后总结出：在某种因素不变的状况下，某种商品的价格上涨不仅不会导致需求下降，反而需求增大，而价格的下跌反而导致需求减少。换一句话讲就是："越涨价越疯买，越降价越不买。"经济学家们将吉芬发现的这一违反经济需求定律的商品，称为"吉芬商品"。

到底为何会出现"吉芬商品"呢？

我们发现吉芬商品有两个特殊的条件：一是购买者收入低；二是此商品是必需品。简而言之，吉芬商品是一种低档的、非奢侈品的商品。当价格上涨时，市场对商品的需求会增加；当商品的价格下降时，对该商品的需求会减少。经济学中，这种性质的商品的需求定律，将是一条向上倾斜的曲线。

肉和土豆同属于生活必需品，但相对而言，肉的价格比土豆高，它就属于"奢侈品"，当土豆的价格上涨时，意味着消费者的实质性收入在减少。但是人每天都要吃饭，想要吃肉，就需要支付更高的价格，因为收入减少，人们普遍会选择减少吃肉，而选择"相对低廉价格"的土豆。即使土豆的价格疯涨，也会比肉的价格低，所以人们就会疯狂购入土豆，这就导致土豆价格一路飙升，这就是土豆称为吉芬商品的原因。

股市里也经常出现吉芬商品现象。股民们往往喜欢跟风疯抢，当他们看到某只股票疯涨时，渴望赚取更多财富的股民就会疯买；当股票价格下跌时，股民往往希望快点抛售手里的股票。这也属于"吉芬商品"现象。

虽然各领域都能看到吉芬商品，但这并不是一种经济学中的常态现象，而是需求规律的一个例外。要注意的是，它也是一种无法回避的现象。

活学活用经济学

1.分析价格变动影响：当吉芬商品的价格发生变动时，一定要分析这种变化是如何影响消费者行为的。当全面掌握这种价格变动对市场的影响后，才能冷静地消费。

2.政策影响分析：政府对吉芬商品价格进行宏观调控时，会制定相关的政策。这时候要认真考虑吉芬商品的影响。例如，政府可以通过补贴，以及对吉芬商品价格进行管理，来稳住生活必需品的市场价格发展，从而保障老百姓的基本生活需求。

凡勃伦效应：别让虚荣心支配你

从经济学的角度来看，凡勃伦效应是一种特殊的市场现象，表现了消费者对奢侈品的需求和购买行为。

王鸣鸣喜欢买贵的东西，她甚至偏激地认为，贵的才是好货！

同样的一条裙子，放在地摊上卖 150 元，她会认为质量一定不好，根本没法穿；而挂在品牌店里售价 1500 元，她才会愿意为这条"高档裙子"买单。这种现象，就是经济学中所说的凡勃伦效应。

凡勃伦效应是指消费者对一种商品需求的程度，随其标价增高而增加。它反映了人们进行挥霍性消费的心理愿望。商品价格定得越高，越能受到消费者的青睐。

"商品价格越高，消费者反而越愿意购买。"这个现象最早由美国经济学家凡勃伦注意到，因此被命名为"凡勃伦效应"。

凡勃伦效应能够成立，源于一部分人的虚荣心理。他们认为，价格不只代表价格，而是高贵和品牌的象征。正如爱买贵物的王鸣鸣，她之所以选择品牌店里与地摊一样却贵出十倍价格的那条裙子，是因为在她看来，这条裙子背后的品牌价值足够大，要远远超过地摊上那条。品牌价值大大满足了很大一部分人的虚荣心，他们认为，这是他们价值的体现、地位的象征。

从以上案例可以看出来，凡勃伦效应不仅仅是一种经济奇特现象，它更凸显消费者的一种挥霍性心理。消费者购买"奢侈品"与"高价品牌商品"的背后目的，并不单单是为了获取直接的物质享受，更多是追求心理上的满足。

例如，一块普通的牛排，如果商家告诉顾客，这是从新西兰刚刚空运过来的，那么顾客就愿意花高价品尝这块牛排，即使这个价格远远超过牛排实际的价格。

因此可见，凡勃伦效应能够成立，在于它的高销售价格改变了人们对商品的预期。正如这块天价牛排，使顾客体会到了超预期的价值，他们觉得这是一种高级享受，是值得的。

在商业活动和高级的社交场合，高价的奢侈品也是一种基本配置，所以，凡勃伦效应符合社会经济下人们商务化发展的地位需求规律。高价昂贵的奢侈品，能够提高一个人的社会地位，这也是人们追逐高价商品的原因之一。

同时，凡勃伦效应也能起到安慰作用，满足消费者心理的需求。药店里售价很高的维生素就是个典型的例子。

人们通常喜欢去药店购买高价的维生素，而且价格越高，销量越好。因为人们普遍认为，价格越高的维生素，保健作用越好。尽管真相并非如此。

药店卖两三块钱的维生素，和高价的维生素有同样的效果，但人们寻求"高价保障"的心理安慰，大多认为价格高的一定效果更好。所以高价维生素销量高很多。

懂了凡勃伦效应，你就能明白，为什么售价昂贵的商品，一般不会让消费者产生"效果不好"的想法，哪怕根本没什么作用，他们也会偏向"效果良好"。

∕∕∕ 活学活用经济学

1.自我认知明确：消费者对自己的消费行为有着明确的认知，清楚自己为何要购买高价商品，甚至清楚自己购买任何商品的动机与需求，有助于理性购物。通过明确自我认知，消费者可以做好每一次的购物决策，不花糊涂钱。

2.树立正确的消费观：消费者应该明确自己的消费观，切勿因为爱慕虚荣而进行高价奢侈品消费。要明白，消费的本质是为了满足自己的实际需求，而不是为了迎合外界的期望。

3.鉴别广告真伪的能力：广告十分容易引导人们进行冲动购物。消费者应该培养自己鉴别广告真伪的能力，不轻易被商家的销售手段影响，避免误导消费，而是进行理性消费。

理财篇

你不理财财不理你

储蓄：不把鸡蛋放在一个篮子里

储蓄是指每个人或家庭，把节约的钱存到银行的经济活动。储蓄对每个人来讲，都十分重要。

储蓄存款，是指居民个人将属于其所有的人民币或者外币存入储蓄机构，储蓄机构开具存折或者存单作为凭证，个人凭存折或存单可以支取存款的本金和利息，储蓄机构依照规定支付存款本金和利息的活动。

储蓄对于理财来说至关重要。因为储蓄是学会财富积累的第一步，是理财前期的积累，也是理财的根本。在人们还没有钱的时候，就需要利用储蓄的力量，积累本金。

浩然大学毕业后参加工作，月薪 4000 元，加上年终奖金，每年收入有 7 万元，对于他来说，这笔收入并不少。但浩然缺乏理财意识，生活中他是一个"月光族"，从没有考虑过储蓄，导致他工作至今已有五年，却没有攒下钱。

今年浩然参加了同学聚会，聊天中得知，同学们都通过存钱买上了房子或车子，这一刻，他才明白理财的重要性。于是，浩然开始强制自己储蓄，每个月发工资，他留下 2000 元，剩下 2000 元都存入银行，只用了一年时间，浩然就有了"小金库"。

怎样将储蓄利益最大化？这是一门学问。下边来看看储蓄利益最大化的具体方法。

一、阶梯式储蓄业务

也称为阶梯式存款法，这是一种分开储蓄的理财方法。操作方式是将总储蓄资金分成几份，分别进行1年、3年和5年的定期存款。例如，假设你有10万元的资金要储蓄，可以将其分成三份，3万元存为1年定期，3万元存为3年定期，4万元存为5年定期。一年后，3万元1年定期到期，你可以选择将其中的一部分或全部取出，也可以选择继续存入；这样同理操作，三年和五年后，相应的定期存款也这样处理。这样做的好处是，可以获得高利息，并且操作灵活，临时用钱也很方便。

二、十二张存单储蓄业务

也称为"十二存单法"，是一种储蓄和投资策略。具体操作就是每月将一笔固定的存款以定期一年的方式存入银行，持续这样做，整整十二个月。从次年的第一个月开始，每个月都会有一张存单到期，从而可以取出相应的本金和利息。这个方法主要优势是它的灵活性和高回报率。

举例：以一年定期存款为例，你在第一年每月存入1500元，年底你的存款就是18000元。从第二年开始，每个月你都有一张1500元的存单到期，你可以将这些到期的资金加上每月新存的1500元，再存入银行，这样你的存款会快速增加，并且每个月都有资金到期，可以方便取出使用。

三、短期自动转存业务

是指客户在存入一定期限的定期存款后，若选择该业务，当存款到期时，银行会自动将这笔存款按照原定期限和利率进行转存，无需客户亲自到银行办理转存手续。这种方法的特点是便捷、高效，而且客户能更灵活地管理资金。

四、约定定期存款业务

假设你去银行办理了约定定期业务，把活期存款金额定为 100 元，那么银行就会以 100 元的整数倍，按照约定存期转存为约定定期存款。假如活期存款的钱入不敷出时，约定定期将自动以 100 元的整数倍，按照利息损失最小原则转存出来。

储蓄利益最大化的两个原则分别是：不要将鸡蛋都放在一个篮子里；尽可能让"钱生钱"。储蓄是一门学问，每个人都要依照自己的需求，灵活地去选择储蓄的策略。

活学活用经济学

1. 设定明确的储蓄目标：制订一个明确的储蓄计划，并且设定明确的目标，如买房、留学、买车、旅行等。这将有利于保持动力，更好地存钱。

2. 强制储蓄：强制自己每个月将一部分收入转入储蓄账户，这样就不会乱花钱，而且能够成功攒钱。

3. 制定预算：制定自己每个月的预算，包括固定的支出和灵活支出。确保每个月的支出占有一定的百分比，然后剩下的钱可以用来储蓄。

4. 理性购物：购买任何东西时，都先思考这件东西是必需购买的吗？要计划自己的花销，时刻记住自己正在存钱这件大事。买东西时，可以货比三家，比较不同的品牌和价格，选择性价比最高的那个商品。

保险：今日的你救了明日的你

保险是一种风险管理工具，通过转移风险、均摊损失、实施补偿等方式，为个人和企业提供经济保障，帮助应对意外事件，保障生活稳定，实现财富增值。

保险是指投保人根据合同约定，向保险人支付保险费，保险人对于合同约定的可能发生的事故，因其发生所造成的财产损失承担赔偿保险金责任，或者被保险人死亡、伤残、疾病，或者达到合同约定的年龄、期限等条件时，承担给付保险金责任的商业保险行为。

保险公司是通过赚取风险差而获得利益的，因为每个被保险人发生意外的概率占有一定比例。简单来说，保险的实质就是"互助"，保险公司为我们提供了一个多人融资互助的平台，一个人或者一个家庭发生了意外，保险就像"一大堆亲戚朋友"拿着他们预先缴入"保险池"里的钱，分摊了这个意外所造成的损失。

保险公司的职责就是公平地收集和管理资料，把收集来的一部分保险金交到"发生意外的人"手上，而剩余的另一部分资金，保险公司多用于投资，为公司带来巨大的利益。

不少家庭和个人，尤其是年轻人，对保险非常排斥，他们认为自己一生肯定无灾无病，即使有，也不愿意提前给自己购买保险。

其实每个人都应该有保险意识。

要知道，保险的意义要大于其他理财的意义。当重病突然来临时，面对高额的治疗费用，普通家庭是无助的，如果有了保险，就不会有财力方面的无助感，因为保险会提供资金，为生命提供了一份财力上保障。

李梅工作非常努力，她经常加班，最近总是感觉头晕、吃不下饭。同事王大姐得知后，告诉她："你如果身体出问题倒下了，你的家庭也就倒下了。我建议你买一份保险，解决后顾之忧。"李梅听从了王大姐的劝告，给自己购买了一份适合她的保险。果然没多久，李梅上班时突然晕倒，送医院被检查出患有白血病。幸亏她提前购买了保险，为她的治疗和生命提供了保障。

这个故事告诉人们，当遇到重大疾病或意外风险时，保险就是我们最好的经济保障。在这个关键的时候，钱不再仅是简单的符号，而是可以救命的力量。

保险具有很多功能，主要有如下几个方面：

第一，转移风险：保险的基本功能就是转移风险，购买保险，将潜在的风险转移给保险公司，从而减轻自己的风险负担。

第二，实施补偿：当被保险人遭遇到合同中约定的意外事件或者重大疾病时，保险公司会按照合同约定，向被保险人进行理赔，使被保险人渡过难关。

第三，贷款和投资收益：某些特殊的保险产品，具有贷款和投资收益功能，被保险人可以利用保单进行质押贷款，解决资金缺口问题。同时，一些保险理财产品可以创造投资收益。

第四，为家庭提供支撑：假如家里的"顶梁柱"倒下了，有一份保险，就可以救这个家庭于水火，保险理赔可以为困境中的家庭提供经济支持，确保家庭可以正常运转。

第五，财富保值增值：保险可以作为财富增值的工具，帮助个人和企业规划财富，实现增值。

第六，社会保障管理：保险通过灵活多样的产品，扩大社会保障的覆盖面，为没有参加社会保险的人群提供一定的保障服务。

总的来说，保险的功能涵盖了风险管理、经济补偿、资金融通和社会管理等多个方面，了解了保险，就能够建立好的"保险意识"，对自己的人生进行合理的保险规划。

📈 活学活用经济学

1.学习保险基础知识：决定是否购买保险，需要详细学习和了解保险的基础知识。了解不同类型的保险产品的不同特点、风险及收益情况，可以帮助我们确定是否购买保险以及购买何种保险。

2.分析个人需求：每个人都应该根据自己的家庭情况、财务状况等综合因素，分析自己可能面临的风险和保障需求，包括自己的身体健康情况及年龄、工作环境等因素，之后再来匹配相应的保险。

3.提高保险意识：除了合理购买自己需要和适合的保险产品，还需要提高保险意识，防止"保险诈骗""模糊条约"，以保障自己的权益能够得到维护。在风险发生时，可以顺利得到理赔。

股票：玩的就是心跳

想要炒股，就要有一颗强大的心脏。股票既有高收益的特点，也具有高风险的属性。投资者不能只想着赚钱，还要有赔钱的心理准备。

股票是股份有限公司在筹集资本时，向出资人发行的股份凭证，代表着持有者（即股东）对公司的所有权。这种所有权包含了一系列的权利，如参与公司的决策、分享公司的利润等。同时，它也是资本市场上的长期信用工具之一，可以转让和买卖，但不能要求公司返还其资金。

提到股票，一般人们就会想起股神巴菲特，巴菲特一生创造了很多关于炒股和投资的传奇。他以精准的眼光和独到的判断力，为自己打造了财富王国。

但股票并不是谁来玩都会十拿九稳的。可以说，"稳赚大神"是少数，其他人玩的都是收益与心跳的游戏。

投资股票最忌讳的就是盲目跟风。有些人看到别人赚钱了，就容易眼红，盲目投资，这种人并不具备专业的股票投资知识，往往不喜欢花太多精力在研究选股上，喜欢跟住"大神"，结果总是赔钱。

在这里，要明白一个道理，任何投资理财都是收益与风险并存的。炒股想要收益多一些，一定要先对股票知识进行细致的研究。正所谓，知己知彼，方能百战不殆，只有对市场和企业有精准的判断，对股市信息有精准的把握，熟悉掌握股价跌落和上涨背后规律的人，才有希望在炒股这个赛道上赚到金子。

下边来看一下股票具有哪些特点。

第一，收益性：投资股票可以获得收益，这是股票最基本的特征。收益主要有两个来源，一是来自股份公司的分红，即股息和红利；另一个就是来自股票交易过程中的差价。

第二，风险性：股票市场的价格波动相当大，投资者在买卖股票时，可能面临损失的风险，因此股票的预期收益并不确定。这都要求投资者具备一定的风险承受能力，并且根据自身情况做出风险投资的决策。

第三，流动性：股票具有流动性，即股票持有人可以根据自己的需求和市场的实际变动情况，灵活地买卖股票。这种流动性使股票成为一种相当方便的投资工具，投资者可以随时调整自己的投资组合。

第四，永久性：股票一旦购买，概不退还购买的钱财，所以股票是一种长期的投资工具，投资者需要关注公司的长期发展。

第五，参与性：股票持有者是股份公司的股东，有权参与公司的经营决策。股东可以通过选举公司董事、出席股东大会等方式实现其参与权。

了解了股票的特点，在投资股票的过程中，要深思熟虑，切莫心急。投资股票一定遵循"不能急原则"，尤其要注意不可以有"赌徒心态"，股市里经常有一些人拼命"追涨杀跌"，甚至急得红了眼睛。

这时候，一定要保持冷静，要看住价格的变化，因为一旦心急，很容易对股票的价格变化判断错误，导致该买入的时候卖出，要不就是该抛售的时候死守。

所谓心急吃不了热豆腐，在股市也是如此。因为心急者很容易对高风险的信号视而不见。炒股一定要注意及时止损，只有把心态放平稳，炒股的时候才能收放自如。做到该盈的时候盈，该止损的时候止损。

股票是给两种人准备的机遇市场，一是耐得住性子的人，二是肯钻研的人。因此经济学家才说："谁耐得住性子，谁就大概率是最后赢家。"

当然，成为赢家，不只是耐得住性子这么简单，还要严格挑选股票。

选择发展行情很好，具有行业垄断优势、品牌优势、政策优势的公司。这样的公司，盈利能力强于普通的小众企业。买股票就是买企业的未来，所以最好选择有发展潜力的企业。

📈 活学活用经济学

1.关注市场趋势：时刻关注市场趋势，依据市场的变化来调整自己的投资策略。例如，股票出现牛市时，可以大胆积极地买入和持有股票，在熊市时，应该小心谨慎，避免盲目投资。

2.灵活应对风险：股市风云变幻，所以投资者要灵活应对各种风险。比如当价格下跌时，一定要及时止损，防止亏损扩大；当价格上涨时，可以卖出，以获取收益。

3.精选股票：投资者应该对想要选择的股票进行认真研究和评估。对自己的风险承受能力和市场走向趋势都要明确。对公司的财务情况、盈利状态、竞争优势详细把握，这是精选股票的根本途径。

基金：专业的人做专业的事

　　基金是一种重要的投资工具，它通过将投资者的资金汇集起来，交由专业的基金管理机构进行管理和运营，以实现资产的保值和增值，对于个人投资者来说，购买基金是一种相对简单且风险较低的投资方式。

　　基金，简单来说，就是通过资金池集合众多投资者资金，由特定的机构进行管理和投资，以获取收益的一种金融产品。投资基金的人称为基民，他们通过购买基金的方式间接持有了基金资产组合中的股票、债券、货币、房地产等一系列资产，从而分享这些资产所产生的收益。

　　打个比方来讲，假设你手里有一部分闲钱，想要投资增加财富，但是你并不懂得专业的投资知识，也不会理财，甚至也没有时间去学习，这时候你可以这样尝试：

　　雇用一个投资专家，找一些人一起出资，让专家对这些资产进行专业性的投资。这些人中，如果每个人都和这位专家沟通，对专家来说就太烦琐，所以就推荐一名领头人来，负责与专家沟通所有人的投资交涉事宜，其他人定期从资产中，给予他一定比列的报酬，让他代付给专家，并且将风险也交付给专家，他们之间通过沟通和操作，定期向这群人公布投资的盈亏情况。

这种方法就是"合伙投资"。

如果将这种模式扩大一千倍，一万倍，就是我们所讲的基金。简单来说，就是请专家理财，与投资人共担风险、分享收益的投资方式。

上述这种方法中的领头人，就是现实中的基金管理公司。参与投资者要按照规定的比例，每年向基金管理公司缴纳基金管理费，它负责为投资者们雇用基金经理，也就是能够帮助投资者对股票进行操盘的投资专家，他们会定期公布基金的资产和收益情况。

这些活动，都需要在证监会的批准下才能进行。基金公司并不直接碰触"钱"，所以投资者的资金是安全的。

基金公司不能暗中"挪用公款"，因为证监会规定，基金的资产不放在基金公司，基金公司和基金经理只负责交易操作。他们会在银行开设一个账户，叫作基金托管，来专门管理这些钱财。银行会按照一定的比例收取年费来作为报酬。所以，投资者的所有基金资产是相当安全的。即使基金管理公司倒闭了，或者银行出现了问题，任何人也无权随意挪用基金专用资产。

基金作为投资工具，具有一定的优点，高度分散化的投资，导致基金的风险性降低，而采用专家投资的管理策略，让投资者可以坐享专家的专业福利。投资者可以按照自己的意愿，选择不同风险级别的基金进行投资，而且基金的投资门槛相对比较低。

基金投资也存在缺点，因为他们雇用了"专家团队"，导致在基金投资的收益中，需要扣除掉管理费和手续费等相关费用，这都使投资者的收益相应减少，另一方面，基金市场也是风云变幻，市场风险比较高，基金的本金安全也得不到绝对保证。

想要在投资基金的过程中获得更好的收益，投资者就要遵循一定的投资策略：

首先，要对投资基金进行一定的规划。

其次，要根据自己的实际情况，做好分析，选择适合自己的基金品种。

例如：单身没有经济压力的人群由于没有负担，余钱比较多，可以承受一定的风险，因此适合选择投资股票型基金，并且合理搭配一定比例的债券型基金。这样他们就可以充分利用股票市场，迅速增加资本。

收入稳定、工作繁忙的上班族一般没有多余的精力去理财，也没有太多大额支出，可以选择白领型基金组合。一般是以股票型基金和配置型基金为主，以债券型基金为辅，兼顾了两边的风险控制，同时能够得到稳健的收益。

有子女的稳定家庭一般收入稳定，有子女求学的费用压力，投资基金追求中等风险，并希望得到稳定回报。所以他们适合家庭稳健型基金配置，以配置型基金为主，搭配购买一定比例的债券型基金，并配置少量的股票型基金。

退休后的中老年人追求较低风险水平的投资，基本诉求是希望钱能比存在银行里收益更大些，适合养老型基金组合配置，即选择以低风险的债券型基金为主，少量组合配置型基金，这样可以平稳收益。

如果你也想涉足基金，那你可以针对自己的实际情况，遵循适合自己的投资策略，去规划产品。

活学活用经济学

1.市场分析：密切关注市场动态和趋势，根据自身情况和市场动态做好基金投资组合。例如，在市场整体上涨的情况下，可以增加股票型基金的配置比例；在市场下跌时，可以增加债券型基金配置比例，以稳定总体收益。

2.定期评估：定期对投资组合进行评估和调整，确保和自己制订的投资计划相符合，并且随时调整自己的风险承受度。例如，如果一个人的投资目标发生了变化，或者市场环境发生了重大的变化，就要及时对产品进行评估，改变投资组合策略。

债券：操控稳健的投资之路

　　债券是政府、企业、银行等债务人为筹集资金，按照法定程序发行，并向债权人承诺于指定日期还本付息的有价证券。

债券是一种金融契约，是政府、金融机构、工商企业等，直接向社会借债筹措资金时，向投资者发行，同时承诺按一定利率支付利息，并按照约定条件偿还本金的债权债务凭证。债券的本质是债的证明书，具有法律效力。债券购买者或投资者与发行者之间是一种债权债务关系，债券发行人即债务人，投资者（债券购买者）即债权人。

债券有三个基本要素：面值，期限和票息。通俗来讲，就是能借多少钱？什么时候还钱？利息是多少？

这里举例说明一下：面值 100 元，期限 30 年，票息 5% 的国债，就是国家向你借债 100 元，借 30 年，30 年之后归还这 100 元。这30 年间，每年的利息是 5 块钱。

债券作为重要的融资手段和金融工具，具有以下特征。

偿还性：是指债券有规定的偿还期限，债务人必须按期向债权人支付利息和偿还本金。

流动性：是指债券持有人可按需要和市场的实际状况，灵活地转让债券，以提前收回本金和实现投资收益。

安全性：是指债券持有人的利益相对稳定，不随发行者经营收益的变动而变动，并且可按期收回本金。

收益性：是指债券能为投资者带来相应的报酬。

这里来详细讲解下债券的主要两部分收益：票息和价差。

票息就是人们常说的利息，这部分收益是稳健和固定的，金额和时间也都是固定的。这是债券的固定收益。

价差是波动收益，它随着银行利率的变动而变动，也就是说，债券价格随着银行利率的变动而变化，这部分收益是不固定的。利率下降的时候，债券的价格上升；利率上升的时候，债券的价格会下降。

举例说明：还是面值100元的债券，票息5%，期限30年。发行最开始，银行利率5%，那么这张债券和100元钱存款，带来的收入是一样的，这张债券就值100元钱。但是这张债券发行几年后，银行利率下降到2%，那么债券就变得值钱了，它的利息收入就比100元钱银行存款的利息高了。这张债券的价值就超过100元钱，这时候就可以高于100元的价格卖出它，这个差价就是债券的价差收益。

债券根据发行主体的不同，大致分为以下几种：

国债：国家发行的债券，以国家的信用为担保，以政府的税收作为还本付息的保证，因此几乎不会出现违约。具有风险小、流动性强的特点。但是它的缺点是利率比其他债券低。国债向来因为信誉度高，有"金边债券"之称，追求安全踏实的投资者，偏好选择国债。

地方债：地方政府发行的债券，这种债券的违约风险也比较低，但是和国债相比，安全系数没有国债高。

企业债券：一些大型企业发行的债券，违约风险不等，和企业所从事的项目相关，即安全和风险并存。

如果想要投资债券，并且期望利益最大化，还要求风险系数小，那么最重要的就是谨慎选择债券种类。国债最适合对风险要求小的家庭和个人；企业债券的收益相对要高，比较偏好敢于承担一定风险的人群。

同时，债券的风险性也和期限时长成正比，债券的期限时间越长，收益越高，但风险也越大；期限越短，收益越低，但是风险系数会小很多。

每个人都要结合自己的实际情况和家庭需求，去购买相应的债券，做一个理性的债权投资者。

📈 活学活用经济学

1. 充分了解债券类型：对不同类型的债券做全面的掌握和了解。对比后，按照自己的实际情况和风险承受度，来进行投资决策。

2. 关注债券市场的变化：债券市场受到利率、通货膨胀、国家政策等影响，要密切关注这些变化，获取详细的市场消息，有利于改变投资债券策略。

3. 分析研究发行主体的信用情况：发行主体的信用情况是购买债券非常关键的一项指标。盲目购买容易造成亏损，只有对企业的财务状况、经营状况和偿还能力进行调查和研究、分析，才可以降低债券风险。

黄金："黎明女神"保值的秘方

> 黄金既有商品的属性，也有货币的属性。因为稀有、宝贵且不会生锈或氧化的特质，它被广泛用于投资、珠宝和储蓄等领域。

最近，黄金价格一路飙升，引起人们的广泛关注。黄金的化学符号是 Au，Au 的名称来自罗马神话中的"黎明女神"欧若拉。就像这个美丽的名字一样，"黎明女神"黄金在历史的长河里，一直作为"尊贵"和"富有"的象征。

从古至今，黄金就以它的稀缺性、耐腐蚀性和观赏价值，成为贵重的消费品和纪念品。

黄金是全球性的投资工具。在通货膨胀时期，黄金更是通货膨胀的克星，具有保值的作用。它是让资产保值、增值的"秘方"。

因为在股市动荡时，金价并不会动荡，反而因为股市的动荡，投资者可以从股市撤离，转去"黄金市场"。当股市稳定时，人们也可以通过购买黄金，抵制经济好转后的"通货膨胀"问题。

近年来，随着金融危机的发生，很多国家也开始大量储备黄金。

作为个人投资者，黄金的优势如下。

黄金是永恒的储值和支付手段：黄金虽然流通性不是很好，但是它依然可以作为普通商品在商场里进行买卖。

投资黄金可以保值、增值：当股市处在动荡期，国家处在通货膨胀期，黄金就彰显出它的独特价值。

黄金的产权转移便利：股票的转让要缴纳一定的费用和办理相关手续，但是黄金没有这些烦琐的事情，假如你想给你的爱人或者子女留下黄金，只需要他们搬走和妥善保管即可。

黄金具有分散投资的作用：分散投资可以起到降低风险冲击的作用，分散投资最好是投资不同的理财品种。这时候投资黄金，就是投资者很好的选择，它可以平衡投资组合，分散风险。

想要进行黄金投资，就要对投资黄金的几种方式有所了解。

实物黄金：实物黄金交易包含黄金、金币和金饰品的交易，这种交易方式以持有黄金作为投资，在金价上升时才能够获得利益。

黄金现货：市场上的实物黄金，主要以金条和金块为主，黄金生产商与中央银行、投资者，或者黄金提炼源头厂家与其他需求方之间，在交易市场中买卖黄金。

黄金期货：也就是大家口中的"炒黄金"，是以黄金为交易对象的期货合约，同一般的期货合约一样，黄金期货合约也载有交易单位、质量等级、期限、最后到期日、报价方式、交割方法、价格变动的最小幅度等内容。这种投资方式风险很大，需要通晓炒作黄金的专业知识，要求对市场有准确的判断，属于一种风险投机行为。

纸黄金：纸黄金也被称为黄金账户，其实就是指黄金的纸上交易。投资者并不能提取实物黄金进行买卖，只需要在一个预先开好的"黄金存折账户"里进行交易买卖即可。这样做有很多优势，不仅资金有保障、风险小，而且省去了运输、保管、检验、鉴定等步骤。

黄金期权：黄金期权是指在未来一定时期可以买卖黄金的权利，是买方向卖方支付一定数量的权利金，然后可以拥有未来一段时间内或某一特定时间，以事先规定好的价格向卖方购买，或者出售黄金的权利。

了解了投资黄金的优势和投资黄金的方法，也就等于掌握了"黎明女神"保值增值的秘方，我们就可以安心做一个黄金投资理财者了。

ⅶ 活学活用经济学

1. 关心时政要点：想要投资黄金，一定要多看新闻，多了解国际政治，因为黄金的金价与国际时政密切相关。国际战争和石油问题等都会导致金价的涨落。因此，新手炒黄金一定要多了解一些国际局势，才能够准确地分析国际金价走势。

2. 购买黄金藏品：虽然黄金的价位有所波动，但是黄金藏品的价值是可以攀升的。因为黄金藏品不仅具有黄金本身的价值，还具有可不断增值的文化价值、纪念价值和收藏价值。对投资黄金者来说，这是"一石二鸟"的美事。

3. 建立好的投资心态：无论任何投资，都要首先铭记"投资有风险"，理性操作是炒黄金的必备品质。只有能够冷静地面对市场行情变动，减少情绪干扰，才能在黄金投资中赚取"金子"。

贸易篇

开户商业与未来的秘密

诚信准则：范蠡的 10 万钱

诚信是商业成功的基石，为商之路不可缺少诚信。在商业活动中，诚信不仅关乎企业的生死存亡，更关乎整个社会经济的健康发展。

古代著名的经济学家范蠡，有一次因为资金周转不灵，和一个商户借了 10 万钱，并且打了借条。

然而，商户不小心将借条掉入大海。

一年后，商户来到范蠡家里说明了情况。没有借条的他本不抱希望。谁知，范蠡二话不说，就把 10 万钱连带利息一起还给了商户。此举让商户既意外又惊喜，他逢人便讲此事，并对范蠡赞不绝口。范蠡讲诚信的美名也因此传播了出去。

之后很多年，范蠡做生意多次遇到资金周转困难，但都因为他诚信的美誉，很多富商主动找上门来借钱给他，帮他渡过难关，并扩大产业。他也因此成为天下第一富商。

诚信，即诚实守信，是个人与个人，个人与社会之间的基础性道德规范，故事中范蠡诚信的品质，不仅仅彰显了一个人的道德，更是在经济范畴里，诠释了诚信对一个人产业发展的重大意义。

正是因为范蠡的诚实守信，让他在遭遇创业困难时，有富商愿意主动出钱帮助他，从而渡过难关，扩大产业。

诚信也是企业长远发展的命脉。它不仅代表着企业的声誉和形象，更是连接企业与消费者之间的桥梁。如果一个企业诚实守信，就能赢得客户的信任和支持，从而在激烈的市场竞争中脱颖而出。反之，如果企业失去了诚信，即使短期内赚取了巨大的利益，也会失去后续发展。

丹丹在网上购买壮骨粉，因为商家搞活动说买一箱赠一箱，丹丹看活动特别划算，二话不说就选择了在这家店下单。

结果丹丹只收到一箱壮骨粉，她联系商家，商家回复说，赠品没有了，所以不补寄。丹丹一气之下投诉了这家店铺。然而，商家作为理赔，给丹丹邮寄来一个壮骨粉的空盒子。这就是所谓的"买一赠一"，丹丹为此没少生气。

不过，很快她就得知，这家店铺由于受到太多人投诉被关闭了。

这都说明，只要不诚信，就一定走不长远，这个案例就非常典型：老板过于"精明"，他打着虚假广告，欺骗消费者，不履行承诺。起初可能迎来大量的消费者，但随后遭遇大量投诉，最终"自寻死路"。

诚信并不是一蹴而就的，它需要企业在经营管理的每一个环节中都严格要求自己，遵守承诺，不做损害消费者利益和"说话不算数"的事情，同时，企业还需要不断地完善自我，和升级"诚信服务"，以满足消费者日益增长的需求。

如今，诚信不仅体现在企业对待顾客的态度上，更贯穿企业的内部管理。一个讲究诚信的企业，必须培养员工诚信的品质，让员工有强烈的责任感和归属感，形成积极向上的企业文化。员工们愿意为企业的"诚信文化"贡献自己的力量。

互联网时代，一切都是透明的，诚信就更是企业的核心竞争力，一个诚信的企业，能够在消费者心中建立起坚不可摧的信任堡垒，这个堡垒就是企业最好的代言。在竞争激烈的市场经济中，那些追求短期利益的企业，只在乎眼前利益，毫无诚信可言，最终都将被市场淘汰。

国家正在积极对市场经济进行更加有效的管理，企业也更好地宣传和培养诚信的品质和精神。企业应在商海中坚守诚信，共同创造一个更加公平、透明、诚信的商业环境。

活学活用经济学

1. 建立诚信的企业文化：企业应该明确诚信是企业文化的核心，是企业生存发展的根本。企业倡导诚信意识，建立诚信的企业文化，并将诚信精神贯彻企业的各项活动中。

2. 建立诚信制度：建立诚信记录、诚信奖惩制度、诚信承诺等诚信制度，以规章制度的方法将诚信融入企业的骨血里，规范员工的行为，并且贯彻执行。

3. 加强诚信监督：建立企业健全的监督体系。对管理者和员工进行监督管理，及时发现问题，及时纠正不守信用的问题，维护企业诚信形象和声誉。

广告："广而告之" 的趣味经济

广告通常指具有引人注目的创意的宣传方案。它能够吸引消费者的注意，并传达出独特的信息。一个好的广告，甚至可以改变一个企业的命运。

提到广告，几乎无人不晓，因为广告充斥在我们生活中的方方面面。

例如，早起打开电视收看新闻，会看到插播的广告；坐公交车上班的路上，看公众号，里面都隐藏了大量的广告；走在街道上，四处都是广告牌；就连你想看电视剧放松一下，时不时都会跳出来一段广告。

广告是商家给消费者传递信息非常重要的方式，它直接影响消费者对商品的认知。

来看一下广告的定义：通常指为了推销商品、服务或观念而通过各种媒介发布的信息。它包括电视广告、平面广告、网络广告、广播广告、短视频广告、户外广告等多种形式。广告的目的，就是吸引潜在消费者的注意，激发消费者的购买欲，或者塑造某种品牌形象。

广告一旦成功引起消费者的注意，一个商品的销售就相当于往前迈进了一大步。

成功的广告可以成功引起消费者的购买欲,每次看到这部广告,消费者都在心里产生想要购买的念头,那么终究有一天,他会去执行这个念头。

如今随着新媒体时代的发展,媒体环境越来越碎片化。这就要求广告更应该具有品牌效应,而非只在时代促进下猛烈发展效果广告。

什么是品牌广告?像户外的广告牌、数字广告屏幕、各大赛事活动赞助,都属于品牌广告。品牌广告最显著的特点,就是让人们一旦注意到,就会记住。

例如,很多大品牌都会请知名明星代言自己的品牌,为品牌打广告。某明星出席活动戴了一款名牌手表,这款手表的品牌很快被人们熟知;就连她穿的某品牌的高定礼服,也会成为一时的潮流。这无形中就传播了品牌的知名度,这就是品牌广告的显著作用。

那么,什么是效果广告?

例如,某个短视频下有一条商品链接,你只要点一下就可以马上下单,这就是效果广告。通俗来说,这种广告可直接促进消费或完成某个行为。

根据《2022 中国数字营销趋势报告》显示,88% 的企业都希望增强企业的品牌效应。虽然效果广告的执行力惊人,但是企业还是希望让更多人认识到它们的品牌。

广告也有讨喜和不讨喜的,但广告的效果却不以"民众喜欢度"为基准。有时候,好的广告,就是强压一切式,反复给人"洗脑"。当它的响亮名声占领了该商品领域的龙头地位时,它的特殊商业价值也就彰显了出来。

例如，脑白金的广告就是一个非常极端的例子。"今年过节不收礼，收礼只收脑白金"，乍听到这句广告词时，你可能嗤之以鼻，很多人看笑话一样，看着那群老年人边跳舞边唱着这句广告词，甚至一夜之间出现大量批评这个广告的消费者。

但是不可否认，一夜之间，"脑白金"火了。这句病句从一开始让人看不惯，到它足足喊了二十多年，终于使"脑白金"三个字家喻户晓。不可否认，那些年，一提到送礼，大家脑海里自动浮现出"脑白金"，就这样，脑白金成了中国礼品市场上一个非常重要的品牌，即使这个广告不受欢迎，它还是取得了巨大的成功。

凡事有好的一面，也有坏的一面。有的商家为了达到宣传的目的，不惜打造虚假广告。虚假广告已经属于欺诈行为，消费者一定要有鉴别能力，面对如今铺天盖地的广告，消费者在广而告之声中，应保持理性和警觉。

📈 活学活用经济学

1. 关注个人需求和价值观：消费者应该根据自己的需求和价值观来对广告进行评估，多思索是否需要广告中的产品。

2. 对广告保持警惕和批判思维：消费者应该保持警惕，不要过分迷信广告中所宣传的信息和产品奇特功效，要思考广告中的夸张承诺是否真实。

3. 培养媒体素质：消费者应该培养自己对于媒体信息的理解能力及分析市场的能力。通过培养媒体素质，消费者可以更加理性地对待广告，理性消费。

捆绑销售战略：买的不如卖的精

在捆绑销售中，商家会将两种或多种商品捆绑在一起，以低于单独购买的总价格销售给消费者。这种策略可以刺激消费者的购买欲，提高销售额和利润。

捆绑销售是将两种产品捆绑起来销售的经营方式。纯粹的捆绑销售是只有一种价格，消费者必需购买两种产品。混合搭售则是一种菜单式销售，企业既提供捆绑销售的选择，也提供单独购买其中某种商品的选择。

并不是所有的商品都可以随便"捆绑"在一起，要达到1+1大于2的效果才可以。这取决于这两种产品相互协调和相互搭配促进。捆绑销售的成功，还依赖于正确制定捆绑策略。

去逛大型超市，很容易发现每个打折区都存在捆绑销售，而且这已经是一种普遍现象。可口可乐和薯片捆绑销售；牙膏和牙刷捆绑销售；买酸奶赠送玻璃杯子；方便面和泡面碗捆绑在一起。这些销售方式我们都司空见惯，那么，捆绑销售到底有什么优点呢？

第一，提高销售额和利润：商家把不同的相关商品捆绑在一起，再以更优惠的价格来吸引顾客。捆绑销售可以让商品更有吸引力，从而刺激消费者的购买欲，提高销售额，增加利润。

第二，清空快过期商品和库存：滞销商品很难卖，当将它们和一些热门商品捆绑销售时，可以提高销量。例如，快过期的酸奶，滞留很久也卖不出去。通过捆绑"买二赠一"，又绑上一个精美的玻璃碗，很快就会被哄抢一空。

第三，推广新产品或服务：商家将新产品或服务，与往日畅销产品绑在一起销售，可以吸引消费者的注意力，从而记住了新产品，增加了新产品的曝光率和接受度。

第四，提高客户满意度和忠诚度：捆绑销售可以帮助客户节约钱财的同时，多一份"礼物"的感觉，无形中满足了客户多样化的需求，增强了客户满意度和忠诚度。

例如，买咖啡捆绑了精美的杯子，很多消费者有时候并不想买咖啡，甚至是因为相中了那个杯子才去购买咖啡。这样买咖啡，连带着喝咖啡的杯子也有了，两全其美。

但捆绑销售也不全部是优点，也有不好的时候。

例如，购买手机，被要求必须购买一张电话卡，这也属于强迫性的捆绑销售，很多消费者很苦恼，表示很讨厌这种"强迫消费"行为。

由此看来，捆绑销售的弊端有时候会损害品牌形象。总体来说，捆绑销售会给消费者带来一定的利益，但是经销商最大的目的还是获得更大的利润，所以消费者一直都在"被算计中"。

正所谓，买的不如卖的精，其实捆绑销售也是无形中"吸引"消费者，这在一定程度上限制了消费者的消费自由。并且，捆绑销售也增加了消费者的购物成本，羊毛终究出在羊身上，每一份让利的背后，都是被计算好的利润。

捆绑销售还容易造成消费者购买本不需要的产品，"占便宜"的心理导致很多消费者为了得到那些捆绑在一起的"礼品"，盲目购买这件捆绑产品。

所以，购物需理性，我们要看清"捆绑销售"的本质。

📈 活学活用经济学

1.掌握商品的关联性：商家如果想对商品进行捆绑销售，一定要对商品之间的关联性进行明确分析和比较。仔细了解产品的特点和自身需求群体，去寻找产品与产品之间的共同点和互补性，选择出可以捆绑在一起的商品，而且做好销售决策。

2.比较不同组合的优惠程度：捆绑销售也有不同的组合，在选择不同组合时，可以通过对不同组合的优惠程度、价格、用途、质量进行对比，选择最优惠和最适合自己的产品。

3.理性对待捆绑销售：消费者要头脑清醒地去购物，不要一看到折扣和捆绑销售就往前冲，一定要看看捆绑之物是否是自己真正需要的。不要盲目购买自己不需要的"低价商品"，即使价位合算，也是一种浪费。

品牌效应：世间难买我乐意

品牌是商品经济发展到一定阶段的产物，最初的品牌使用，是为了便于识别产品。在近现代商品经济高度发达的条件下，品牌产生并迅速发展起来，品牌给商品生产者带来了巨大经济利益和社会效益。

在经济学中，品牌就是能够给消费者带来增值的一种需求资产。打个比方来说，消费者购买产品都倾向于购买质量更好一点的产品，但是在购买的过程中，当我们并不知道产品的真实价值究竟是多少时，很大一部分人，更愿意去购买品牌产品。因为品牌产品不仅质量好，还具有"满足尊严的附加价值"。这些"附加价值"让消费者愿意掏出更多的钱，因此，老百姓常说，"世间难买我乐意"。

品牌效应是指由品牌为企业带来的效应，它是商业社会中企业价值的延续，在当前品牌先导商业模式中，意味着商品定位、经营模式、消费族群和利润回报。树立企业品牌需要企业有很强的资源整合能力，将企业本质一面通过品牌展示给世人。

按照上文定义，品牌效应就如同经济学中的"晕轮效应"，就是指：当认知者对某个对象形成一个好的印象时，自然他会将一切事情和印象附加值往好的方向去想，就好比"情人眼里出西施"。

同理，如果品牌没有给人带来好的印象，那么这个牌子的产品就不会受到欢迎，人们也会对它的质量和一切服务产生质疑。

马斯洛需要层次论这样阐述："人有五个层次的需要，即生理的需要、安全的需要、社交的需要、尊重的需要和自我实现的需要。"品牌产品之所以能够让人们愿意以高昂的价格去购买，很大一部分原因，就是品牌产品满足了人们"尊重的需要"和"自我实现的需要"。

简单来说，品牌既满足了消费者的个人价值，又同时达到了一个人在某种程度上的自我实现。所以它的高价，是相对"值得的"。

品牌高价的背后，除了隐藏的个人价值，还有潜在的高投入成本。

一个商品之所以能够成为品牌，是因为企业在制造它的过程中投入了科研、技术、专家及资金。企业不能自己砸自己的饭碗，品牌产品的质量一定要比大众产品的质量过硬，这就需要企业投入更多的生产成本。品牌还需要大量的宣传和广告费用，这些都是品牌的投入成本，所以品牌必须定出高昂的市场价格，才能盈利。

品牌最重要的是拿质量说话。例如，消费者购买品牌鞋，即使价格贵一些，但穿着相对舒服。品牌鞋一般设计合理，很少会出现磨脚的现象，这就是品牌带给消费者最实际的效益。

正是品牌效应为品牌使用者带来的效益和良性影响，改变了品牌的市场占有率，随着品牌形象的进一步提高，形成了品牌的良性循环。

📈 活学活用经济学

1. 明确品牌定位：企业首先要弄明白自己的产品与市场其他产品

的差异，给自己的品牌明确定位。然后塑造出与这个定位相符合的品牌形象，这样才能给消费者带来独一无二的品牌体验。

2. 提升品牌知名度：品牌的知名度是品牌效应的基础。企业可以通过营销活动、广告宣传、媒体推广等行为，提高品牌的知名度，增加消费者对品牌的熟悉程度。

3. 增强品牌美誉度：消费者购买了品牌产品，厂家可以增加售后服务环节，例如，可以建立客户档案，提供优质的售后服务，增强消费者对品牌的美誉度，扩大品牌效应。

打折：你以为捡到便宜了吗

打折就是在原来售价的基础上降价销售，几折就表示实际售价占原来售价的几成。随着商品经济市场的蓬勃发展，消费者经常可以遇到各大商场进行打折销售。

打折是商品买卖中的让利、减价，是卖方给买方的价格优惠，但买卖双方给予或者接受折扣都要明示如实入账。几折表示实际售价占原来售价的成数。注意：10% 就是一成，也就是一折，那么八折，就意味着实际售价是原来售价的 80%。

在日常生活中，商家经常打出"含泪抛售""跳楼甩卖""买一赠一"这些广告语，这种经过精心策划的销售方式，是商家与商家之间的"价格战"。看似打折便宜了消费者，其实很多都只是一个表明"便宜"的幌子，背后的真相到底是什么呢？

王红去家具城给儿子买一个书桌，很快她就相中了一个标价 1500 元的木制书桌。她本来觉得太贵，但店员说今天是周年庆，可以打五折。王红一听，五折可是大便宜，就没多想，以 750 元买了回去。然而，数天后，王红逛另一家家具城时，突然看到了同样品牌一模一样的书桌，售价居然只有 260 元！王红一下子明白自己上当了。她很是懊悔，明明多花了好几倍的价钱，还以为自己捡了便宜。

　　其实，这就是打折的真相：商家在打折之前，将商品的售价提高很多倍，然后在这个基础上再给消费者打折。这样一来，折扣后的价格，也许和打折前的价格没有什么区别，甚至还会比打折前高。但是消费者一般都会像王红那样上当，因为他们觉得自己占了天大的便宜。殊不知低价只是商家设计好的折扣策略。

　　消费者也要留心送代金券这种打折方式，有的商场喜欢打出买300 送 200，其实一般指的是消费 300 元，送你 200 元的代金券。但是，商家并不是那么"实在"，所有商品赠送福利的最终决定权都在商家手中。可能你购买了 500 元的商品，他们会告诉你这个商品的活动福利是买 300 只能送 100 元代金券活动区的；甚至代金券也只能在特定商品区才能使用。

　　这就是商家的精明之处，消费者本想占个大便宜，可是买来买去，也许为了那几百块钱的代金券，多买或者冲动消费了不需要的商品，无形中反而是种"损失"。

　　商家还喜欢打出买一赠一这类的销售折扣，有时候是买洗发水送毛巾；买牙膏送牙刷；或者买戒指送项链。但是你不知道的是，洗发水可能 22 元的售价，毛巾 4 元，"打折"赠送后的售价就变成了 26 元，其实就是变相的捆绑销售，羊毛终究出在羊身上，这就是一种针对消费者的心理战术。让消费者在获得赠品的时候，感觉占了便宜，其实这个"好处"，就是自己掏钱买个"便宜"。

　　当然，折扣也并非全是"坑人"的。有的厂家为了把滞留的货品销售出去，可能采用"薄利多销"的销售策略，真的对商品进行折扣价销售。例如，换季时，一家冲锋衣专卖店想要清空库存，老板觉得之前的成本都赚回来了，就推出 2 折跳楼价销售，原价五六百的冲锋衣，一百块钱就能买到，这对于消费者来说，就是真正的实惠。

消费者相对于商家来说，存在一定的信息差，指的是消费者只是对商品的外观、状态、品相等具有初步了解，而商家却对自己的产品具体信息包括制造、生产了如指掌。

所以消费者在购物时，需要保持理性，尤其面对高价格的打折产品，一定要多渠道了解各种信息，好做出正确的消费决策。

📊 活学活用经济学

1. 比较不同产品和品牌的打折信息：消费者在购物前，可以对不同品牌的打折信息进行对比，同时关注打折的时长和原价。选择性价比最高的商品。

2. 理性购物，避免盲目购买：消费者应该根据自己的需求和预算去购物，不要只是看到折扣，想占便宜而盲目消费。

3. 关注网上品牌店的会员制度：各大购物网站上的品牌店铺，一般都有会员制度。会员折扣价格是真实的"便宜"和优惠。可以利用会员积分和折扣，购买实惠的商品。

寡头市场：寡头商家的暗箱操作

寡头市场的产生主要是由于规模经济。寡头市场是少数企业主导的市场，它们的决策与寡头市场其他企业相互影响。

寡头市场又称为寡头垄断，是指少数几家厂商控制整个市场产品的生产和销售的一种市场行为。

在寡头市场上，寡头厂商对市场价格具有相当大的控制能力，每个寡头厂商的行为，都会对市场上其他厂商的行为产生较大的影响。寡头厂商生产的产品可以相同，也可以不同。

寡头市场在当代经济生活中占有十分重要的地位，并且已经发展成为一种普遍存在的市场组织。

例如，智能手机和计算机的操作系统，就属于大型科技行业寡头垄断的绝佳例子。苹果 IOS 和谷歌安卓主导了智能手机的操作系统，这两家就是我们所讲的寡头市场（寡头垄断）。

美国航空业也是寡头垄断市场，其国内主要航空公司就是四家：美国航空、西南航空、联合航空、达美航空，这四家航空公司占有美国航空市场总航班旅客量的 65% 以上。

寡头市场根据所生产的产品有无差别，可以分为无差别寡头和差别寡头两种类型。

其中生产的产品没有差别的寡头企业，一般为石油、建材等。在差别寡头行业里，生产的产品是有差别的，如飞机、汽车、轮船等。

寡头垄断市场并不是说垄断了就全是坏处，相反，寡头市场是市场的一种自我选择，是现代化社会大规模生产的客观需要，寡头市场具有很多优势。

首先，在筹集资金方面，寡头市场企业具有很大的优势，由于经济实力强大，寡头企业很少会破产，因此它们贷款比较容易，而且容易得到利息较低、数额巨大的贷款，这使寡头企业资金链得到保证，资金成本相对较低。

其次，在生产方面，由于生产规模巨大，在大多数情况下，寡头企业的规模效益都很好，它们的单位产品的成本，往往因为规模生产的原因，可以控制在成本最低限度。

第三，在企业管理上，寡头企业内部大多数采用"统一指挥管理"与"具体分工负责"的管理机制。这样做既可以节约成本，又可以提高管理效率，最重要的是，还节约了生产和交易的费用。

第四，广告与销售方面，寡头企业具有独特的优势。因为它们占有市场份额大，在收集市场信息和进行广告，以及销售时，容易形成大的规模效应，因此比其他企业具有更多优势。

第五，在科技创新和技术进步方面，寡头企业可以说做出了巨大的贡献，它们具有庞大财力支持的优势，可以雇用大量的专家和科研团队，对产品进行研究和创新升级。新产品的输出需要大量的技术支持和财力支持，只有寡头企业有这样的实力。

寡头企业与寡头企业之间是相互依存又相互竞争的关系。它们既容易相互勾结，共同排斥想挤进市场份额的小企业，同时并不取消竞争。一个寡头企业在做市场决定时，是相当谨慎的，因为它们其中任何一家企业所做的价格、销售等决定，都会影响其他寡头企业的行为和决策。这也使寡头企业的价格和产量相对稳定。

活学活用经济学

1.定价策略：在寡头市场中，由于竞争企业就那几家，所以企业管理者会密切关注彼此的产品定价和价格走向。所以当一家寡头企业价格升高时，其他企业也要相对选择跟随，以保持市场竞争力。因此，在制度定价策略时，寡头企业不仅仅要考虑自身生产成本和定价成本，还要考虑其他寡头公司的定价走向。

2.合作与竞争：寡头企业之间的关系相当微妙，既存在合作，又存在竞争。各家企业之间只有通过不断竞争，才能占有市场更高的份额。但是，寡头企业之间又可以通过合作来降低成本，提高生产效率和一起抵抗外来挑战、竞争。因此，寡头企业需要灵活合作，以求得企业利益最大化。

3.创新和差异化：寡头市场的产品具有同一性，但是不同企业还是可以加大创新和技术投入，让产品具有更大的差异。例如，可以研发新技术，设计不同的新颖包装，来增加产品的独特魅力。

危机篇

理性规避经济风险

经济萧条：噩梦般的经济大衰落

　　　　经济大萧条让人担忧，它不仅导致世界规模的长期劳动人民失业问题，还直接改变了社会关系。

　　经济大萧条是指，1929 年至 1933 年间起源于美国，后来波及整个资本主义世界的经济危机。这一危机具有持续时间长、范围广、破坏力强的特点，其根源在于资本主义制度的基本矛盾，也就是生产社会化和资本主义生产资料私有制之间的矛盾。

　　这次经济大萧条，不仅仅是现代社会持续时间最长的经济萧条，还导致了大规模的失业，改变了社会关系。

　　在经济大萧条下，美国工业的生产指数大幅度下降，其中钢铁、建筑、汽车等支柱产业明显出现大规模衰退；农业更是遭受致命的打击，农产品的价格降到历史最低点，比往年降低 60%。导致无数的农民无法生存，甚至沦为拾荒者。1932 年，美国甚至出现大规模的饥饿儿童，他们大多数营养不良，处境堪忧。

　　经济大萧条下，英国、德国等欧洲国家也不好过。

　　其中英国的生产力甚至下降到 1897 年以前的水平，失业率更是增加到 25%；德国失业率更高，达到了 50%，全国超过两万个农场破产，一时间，德国人民叫苦连天；意大利出现了严重的通货膨胀，有大量的人口失业，并且国家出现严重的财政赤字。这就是经济危机下，欧美人如同噩梦一样的经济大萧条。

接下来，看一下经济大萧条对国家的具体影响。

第一，国民经济崩溃。随着工厂和公司大量破产，大量员工被裁。失业人口数量不断攀升，很多家庭一时间陷入困难境地。随着裁员发生的，还有工人工资的普遍下降，有的工人薪资甚至大幅度降低，但是人们只能默默承受，原因就是工作难找。

第二，国内生产过剩问题严重，由于经济大萧条，人们的消费能力都出现不足，穷人吃饭都成问题，哪里还有钱去购买多余的商品？

中产阶级也不敢消费，结果导致大量商品积压，经济市场失去活力，一下子陷入死循环。

第三，经济危机下，社会治安状况急剧下滑。人们由于吃不饱饭和失业问题，精神极度郁闷，高度的心理压力造成很多反社会和反人类的人出现，一时间，社会秩序极不稳定。

第四，逆城市化发展。很多在城市打工的白领，由于失业问题，不得不回到农村发展，从事农业生产的人口大增，而城市的人口则迅速下降，这导致城市经济的发展更加萎靡，市场经济再次陷入死循环。

第五，经济大萧条时期，各国的生育率大幅度下降，因为养育孩子艰难，连大人都吃饭困难，而且找一份工作太不容易。这时候人一旦怀孕，就会严重影响工作，导致大多数人避免生育。

第六，社会高消费娱乐产业消沉。因为经济大萧条，人们开始变得"保守"，时尚被大幅度"削弱"，曾经流连于高级娱乐场所的消费者，都待在家里不出门，取而代之的，是纸牌、棋牌和小说的兴起。

如今，经济大萧条已经远去。但是，近年来不断有经济学家和经济组织高度呼吁人们重视历史，关注经济的可持续发展，对有可能出现的新一轮全球经济危机发出警告。

📈 活学活用经济学

1.适应变化：面对经济萧条最好的方法就是适应。当行业衰落，失业率上升，市场价格波动大时，企业要灵活面对这些方面，及时调整自己的计划和生产策略，一定要大胆改变，寻找新的发展方向。

2.保持乐观：经济大萧条可能会给任何个体带来巨大的压力和挑战，这时心理问题和精神问题频繁出现，所以一定要保持乐观，相信自己一定可以解决困难，以积极良好的心态创造新的机遇。

3.不断学习和成长：在经济萧条时期，不能等待，要主动学习和提升自己的技能，学习新的知识，提高适应环境的能力。提高个人的实际价值，为自己谋取更多的机会。

次贷危机：听说了吗？银行也会朝不保夕

次贷危机是一场由次级抵押贷款机构破产引发的金融风暴，导致全球主要金融市场出现流动性不足危机。这场危机不仅对美国经济造成巨大的创伤，也对全球经济产生深远的影响。

次贷危机又称为次级房贷危机，也译为次债危机。它是指一场发生在美国，由次级抵押贷款机构破产、投资基金被迫关闭、股市剧烈波动引起的金融风暴。它致使全球主要金融市场出现流动性不足危机。

美国"次贷危机"是从 2006 年春季开始逐渐出现的。2007 年 8 月，就已经席卷到美国、日本、欧盟等世界主要金融市场。其中，著名的次贷危机事件，就是华尔街独立投资银行的倒闭。

2008 年 3 月，美国第五大投行贝尔斯登因濒临破产，被摩根大通收购。同年 9 月，美国第四大投行雷曼兄弟熬不住这场金融风暴，只能宣布破产；第三大投行美林公司也被美国银行收购。

引起次贷危机的根源，就是美国利率上升和房地产市场的持续降温。最主要的原因则是房地产信用的滥用。

2000 年，美国遭遇了科技股泡沫的破灭，从那之后，为了振兴美国经济的发展，美国利率被强迫下调。货币利率下调后，美国人民开始将投入到股市里的钱，转移出来购买房地产。这样一来，美国房价很快高升。

从 2000 年到 2006 年六年间，美国房价年均增长率超过 6%。房价的持续增长，让银行机构对房地产抵押贷款变得异常信任。他们甚至这样想："房价的发展速度，总是会高过贷款本息，那么放贷者本身的还款能力就不那么重要。"

让人匪夷所思的是，美国银行机构居然让那些身负重债、没有固定收入来源、信用评级很低的人获得了房屋抵押贷款。银行机构过于乐观地给予这部分人高利率贷款，并且不认为这是一种风险。他们认为，房地产本身高涨的价格趋势，将化解掉所有的风险。最令人觉得不可思议的是，那时的很多美国人，甚至还没明白怎么回事，就被站在路旁的银行办理抵押贷款工作人员拦住。一番"灌输和沟通"后，路人们甚至不需要首付，只需要一份买卖合同和贷款合同，就突然间多了一套房子，当然，还背上了巨额贷款。而这些路人，也许正是无业游民，吃这顿，不知道下顿在哪里，这简直是一种讽刺。

随着房价的持续上升，贷款风险被弱化了。如果这些路人偿还不起高额的房贷，很快就会把房产交给银行，银行工作人员就会故技重演，去路上再次以更高的利率贷款，拉拢新的"路人"签订这种低信用的贷款。这种操作，使银行获得了很高的利润空间。

银行机构大量"捞取"路人签订越来越高利率的购房合同和贷款协议，直接导致房地产行业产生大量的价格泡沫。这为房地产市场转向低迷埋下了隐患。银行在这种"迷之操作"中，调动了大量的人力推行次贷房贷，这导致数百万的劳动岗位与此密切相关。这为次贷危机爆发后就业形势非常恶劣埋下隐患。

随后，房价突然大跌，银行机构赚取利润的美梦破碎。银行本来认为，即使人们无法偿还次级信用贷款，也可以抵押房屋来还，但是房价突然大幅度下降，导致银行即使出售抵押房屋，得到的现金也不能弥补贷款和利息本身的金额，银行开始出现大量的巨额亏损。由于次贷人数巨大，还不上款的人增多，引发了次贷危机。

次贷危机的发生，导致银行朝不保夕，因招揽大部分次信用客户，银行出现大量死账、坏账，一时间，银行经营困难。

次贷危机还波及全球很多国家的股市及大宗商品市场，这也导致世界经济出现动荡。保守估算，美国次贷危机造成全球经济增长率下降约 0.5%，这为全球经济增速变缓埋下了祸根。

⚙ 活学活用经济学

1.强化金融监管：政府机构面对次贷危机的前车之鉴，应该对金融机构市场加强监管，确保金融机构能够正确发放贷款，遵守行业准则，充分评估借贷人的信用能力和还款能力。

2.提高风险意识：投资者提高风险意识，信贷银行也应该建立良好的风险意识，以史为戒，好的风险意识可以规范信贷行为、制度，强化高信用的信贷准则。

3.建立风险分散机制：金融机构在发放贷款时，可以采用分散风险的方法，例如，可以将贷款打包成证券，然后出售给多个投资者，这样就可以降低风险。

流动性过剩：钱多了也烦恼

　　流动性过剩是指，有过多的货币投放量，这些多余的资金需要寻找投资出路，于是就有了经济过热现象，以及通货膨胀的危险。流动性过剩有时候被称为"资金周转过度"。

　　关于流动性过剩，北京师范大学金融系贺力平教授这样定义："流动性过程有三个层面的内涵，从小到大，依次是央行所面对的流动性过剩、银行体系的流动性过剩和金融体系的流动性过剩。"

　　简而言之，就是指货币供应量过多，资金比较充裕。

　　货币供应量过多会造成人民币的贬值，人民币贬值容易导致进口企业发展过慢、通货膨胀等情况发生。

　　流动性过剩充分地体现了那句话："钱多了也有烦恼。"一个经济体系中投放了多少货币，这个量就是宏观经济中所谓的"流动性"。当多余的货币造成投资过热，导致流动性过剩时，居民与金融机构的资金储备量都明显增加。

　　从宏观经济的角度来看，流动性过剩代表货币的增长率超过了GDP 的增长率。

　　流动性过剩会直接导致大量的资金流入房地产行业，而房地产行业的蓬勃发展会引起房价的上升。

流动性过剩还会引起大量的资金投向各种金融资产，资产的价格将会大幅度上升，这样就会拉动消费价格的上涨。这样一来，市场上就会有大量的流动资产开始"扑向"消费品，因此引起物价的上涨。

总之，流动性过剩容易引起经济过热，甚至引起严重的通货膨胀，产生泡沫经济。因此，全球都对流动性过剩这个问题非常重视。

那么我国流动性过剩的深层原因是什么呢？

从外部条件来看，我国自 2002 年下半年开始，国际贸易顺差和外商投资就开始突飞猛进地增长。当外汇大量涌入中国，我国的国际收支明显收入大于支出，这导致银行在外汇市场上外汇的持续供大于求。

央行为了保持人民币汇率的基本稳定，采取了大量收购外汇的政策，这样就形成了大量的外汇储备，而为了外汇储备和基础货币等值，我国被迫投放了等值的基础货币。央行对金融机构注入了大量的流动性货币。据统计，仅一年时间，央行投放的基本货币量，已经超过了之前全部基础货币的 90%，这个数字相当惊人。

内部原因来看，我国已经连续多年经济稳定增长，促使居民和政府还有企业的储蓄都快速增长。虽然储蓄增长了，消费需求却明显不足。近几年，我国的消费需求数据已经开始大幅度下降，据统计，20 世纪 80 年代的消费率为 62%，而如今的消费率只有 50%，这种幅度的下降直接导致我国的储蓄度过高，流动性相对过剩明显。

由于储蓄过剩，我国国内的消费就兴奋不起来，那么一些行业为了生存，迫不得已转战国际市场，无形中就加剧了贸易顺差。久而久之，就形成了一种恶性循环。

为什么说是恶性循环呢？因为贸易顺差容易造成国际收支不平衡。政府为了控制这种不平衡，就不断投放大量的基础货币。但这样又进一步助长了流动性过剩。

要解决流动性过剩，经济学家给出以下策略：

第一，改革外汇储备管理体系，切断外汇储备与货币供应的直接关联。由于外汇储备过快，央行不得不投放大量的基础货币，这是流动性过剩的根本原因。切断这种互为因果的关系是解决问题的关键。

第二，要从源头出发，治疗根本。加大对涉外经济金融政策的调整力度，通过控制国际收支平衡，来改变流动性过剩。从完善人民币汇率机制开始，进一步发挥汇率宏观调控的作用，促进国际收支平衡。

第三，积极扩大消费需求，创新发展良性经济发展模式，确保消费市场活跃起来，拉动消费增长，这是解决流动性过剩的重点策略。

经济学家更是建议，我国政府应该更多地在农村基础设施建设和社会保障以及公共设施建设上加大投入，减税增支，以此促进居民消费，充分发挥政府的弹性调控作用。

活学活用经济学

1.合理利用流动性过剩：对于个人而言，要合理利用流动性过剩，通过合理的投资和理财来规避风险，增加机遇。例如，可以投资股票、债券、房地产等来获得更多的收益。

2.把握流动性过剩的风险和机遇：对于个人和企业而言，流动性过剩代表可能有通货膨胀的风险，但是同时也为企业和个人的投资，带来了灵活的选择和资金多元化应用的机遇。对于国家而言，流动性过剩虽然会造成经济过热，但也给国家建设带来了大量的货币基础和支持。

市场失灵：经济也垂头叹气

　　市场失灵需要政府的干预，通过制定和实施政策，来弥补市场的缺陷，提高资源的配置效率，促进社会公平和经济的持续发展。

市场失灵是指在完全竞争市场中，由于各种原因而无法实现资源的最优配置。一般认为，导致市场失灵的原因包括垄断、外部性、公共物品和不完善信息等因素。

那么市场失灵的表现有几种？政府又该如何介入？

第一种，垄断与不完全竞争。

垄断是指一个或少数几个大型企业控制某一行业的生产或销售，通过控制产量和价格来获取超额利润。

不完全竞争指市场存在一定程度的垄断因素，导致市场结构不均衡，企业之间产生了一定程度的差异。

垄断和不完全竞争对消费者都非常不利，容易导致消费者受到不公平定价的剥削，而且导致资源配置效率低下。

例如，垄断企业通过设计好的"压制生产产量"策略，从而使市场商品供不应求，提高了产品的价格，消费者要以高出平常很多的价格来购买商品。

这时候，政府制定的反垄断法就派上用场了。反垄断法专门"治疗"这种以垄断与不完全竞争欺压消费者的行为，政府可以通过建立竞争监管机构等方式来控制企业垄断。

第二种，公共物品和外部性。

公共物品指具有非排他性和非竞争性的产品，如国防、公共安全、环境保护、公共交通、教育、医疗等商品或者服务。它们能使整个社会共同需要，并且每个人都能从中受益。

但是，这些公共物品无法分割成个人专属品。这导致私人企业缺乏提供足够公共物品的激励，进一步导致市场供应不足。

因此，需要政府或其他公共机构介入，通过税收或者其他方式提供公共物品，确保这种资源可以让广大群众受益。

外部性是指一个经济主体对另一个经济主体产生影响，但是这种影响没有通过市场交易得到体现，并且这种影响可能是有益的，也可能是有害的。

当这种影响对外部有害时，就称为外部不经济。当这种影响对他人有益时，就称为外部经济。例如，火车道两旁的农田，由于火车来回经过吓走了吃粮食的鸟儿，这种就是有益的外部性。

面对这几种市场失灵，政府可以通过制定环保法规来进行干预，实现社会经济与环境的可持续发展。

第三种，信息不对称与市场欺诈。

信息不对称是指市场中不同参与者对同一经济事件或资产掌握的信息量存在差异，即只有一方参与者拥有更多、更精准的信息，而另一方参与者只拥有少量或不完全信息。

市场欺诈通常在信息不对称的情况下发生。

例如，拥有完整信息的一方可能会因为另一方对信息了解的缺失而蒙骗对方，或者发布虚假信息来隐瞒重要事实，从而实现操纵市场的目的。

政府可以通过制定信息透明度规则以及市场监管制度，来降低"欺骗经济行为"的发生。

第四种，分配不公与贫困问题。

由于市场经济具有竞争性和效率性，因此，社会收入分配常常出现不公平，并且导致贫富差距大、贫困问题的出现。很多弱势人群，因为没有过硬的技术和资源，导致他们往往被市场竞争淘汰出去。

分配不公与贫困问题，容易引起社会的不稳定，政府可以通过社会保障制度来调节这部分人的收入，减小贫富差距。政府还可以通过对弱势群体进行免费培训，来为弱势群体提供更好的就业机会，让这部分人群具有更强的社会竞争能力。

📈 活学活用经济学

1. 政府介入提供公共物品：由于公共物品具有非排他性和非竞争性，私营企业因此没有足够的利益驱动力，去满足这类物品的足量供给，政府可以通过提供这种公共物品，来解决问题。例如，政府可以建立大型图书馆，并免费开放，满足公众对阅读的需求。

2. 对外部性进行管控：当市场交易产生的影响为负面的外部性时，政府应该及时采取措施积极应对。例如，对产生污染的企业征收环境税，以减少污染行为的发生。

失业: AI 时代我们当何去何从

　　失业问题是一个复杂且严峻的挑战，需要各方共同努力来解决。社会各方需共同努力与协调，一起迅速改变失业问题。

　　失业问题涉及经济、社会、文化等多个方面。失业不仅对个人生活造成诸多困难，也会对社会的稳定和发展产生负面影响。

　　在经济学范畴中，凡在一定年龄范围内，一个人愿意并有能力为获取报酬而工作却找不到工作的情况，即认为是失业。

　　如今网络上很多人都在讨论失业问题，可见失业问题已经蔓延全球。

　　2024 年，AI 智能这个概念像龙卷风一样席卷经济市场，在各大媒体信息中，有大量关于 AI 智能替代劳动者工作的担忧。从之前老一辈的"铁饭碗"，到社会经济发展下的"市场自主调节性职业"，失业人口近年一直在增长。那么失业率增长的原因是什么呢？

　　失业的原因一部分在失业者自身。失业者的健康、情绪、技术水平和性格等，都可能导致其失业。例如，他们不能继续胜任之前的工作，或不求上进、好吃懒做、不能吃苦等。

　　还有很大一部分原因，是经济运行引起的大量失业。例如，很多实体店倒闭，随着电商的兴起，实体购物已经不再流行，很多门店被迫关闭，这直接造成很多人员失业；科技发展导致一些产品不再适应市场，最终被淘汰，企业也因此破产，造成了大量"老旧型技术人才"的失业。

红江是上海的 90 后白领，她是一名服装设计师。今年她十分焦虑，因为随着 AI 时代的来临，AI 绘图、AI 设计已经开始应用在职场中，红江的手绘图稿有时候赶不上 AI 设计图的高效，她经常害怕老板会裁掉自己。

别说这些技术含量小的工种，甚至科学家都有可能被淘汰，因为 AI 研究，已经能够做到自行演化升级科学研究的程度。

这就导致很多人恐慌。他们认为，AI 会替代人类，未来将会有大量的人闲置，找不到适合的工作。

不过，经济学家却比较乐观。他们认为，AI 即使非常先进，但还不至于造成人类大规模失业。

举一些最常见的例子，小区即使有了门禁卡和人脸识别，但是越高档的小区，越会安排不止一位保安人员，因为人工智能并不能完全替代人类情感以及"人类服务属性"的价值。小区即使处处是监控，已经不需要保安人员，但有保安人员，业主就会感觉安全，且得到人性化的优质服务，这是人工智能所无法替代的。

还有现在的清洁垃圾车已经很先进了，但是在全球各大城市，环卫工人还是遍布在城市的各个角落里，他们依然用着最古老的工具清扫着地面，以保持城市的整洁。

经济学家这样评价这一现象："随着城市化、现代化、科技化的发展，人类经济活动与技术都在更新迭代。这对新时代的职业者是考验，也是挑战。但并不代表他们的职业能力会被高科技全面替代，职业者本身的属性和特殊价值以及给予的服务价值，是科技手段无法完全取代的。重要的是，新时代的职业者，要不断提升自己的知识与技能，更好地适应现在的社会发展。"

事实上，对人类而言，AI 智能高科技具有不可替代的好处，它可以帮助人类做很多危险的、重复性的工作。比如，AI 可以代替工厂工人处理危险的流水线工作，而这部分工人，经过培训，可以充当智能流水线的创造工种。

说白了，新时代必将会有大批的人失业。但是，科技也会带来新的机遇。只要就业者不放弃学习，努力跟住时代的潮流，就会有新的就业机会。

〽 活学活用经济学

1. 政策支持：政府应该制定先进的政策，促进失业者再就业，并且降低失业率。例如，政府可以强化技能培训政策，加强对创业的扶持力度，以帮助失业者再就业和改变经济困境。

2. 产业结构调整：政府可以通过发展新兴产业和加强服务业的推动发展，为更多的失业者提供岗位，并且政府可以通过引导和支持产业结构调整，发展更多劳动密集型产业，为大量的失业人口创造就业机会。

3. 加强就业服务：政府和社会服务组织，应该为求职者提供更完善的就业指导、职业介绍等服务，召开更多的招聘会，帮助求职者找到适合自己的工作。

泡沫经济：繁荣背后的隐患

> 泡沫经济指资产价值超越实体经济，极易丧失持续发展能力和宏观经济状态。泡沫经济经常由大量投机活动支持，本质就是贪婪。由于缺乏实体经济的支撑，因此其资产犹如泡沫一般容易破裂。

泡沫经济，顾名思义，就是像肥皂泡一样膨胀而又虚无的经济。从经济学具体来看，就是指一种或一系列资产（如股票、房地产、商品等）在经历一个连续的价格飞涨过程后，其市场价格远远高于实际价格的经济现象。

是什么引起了这种昙花一现的经济呢？经济学家研究，这种泡沫经济中，资产价格的上涨，多是投资者的一些行为促成，并不是资产的内在价值或生产力的提高所驱动。其本质是贪婪，例如，投机者的从众心理、信息的差异、投机者极度贪求的预期等非理性因素。

20 世纪 90 年代，美国历史上很少有发展规模可以赶超互联网的行业。互联网一日千里的飞速发展，直接促成美国人对这种新型经济业务的大规模炒作，其间最不正常的现象出现了——数百家互联网公司一上市就被估值数十亿美元。

从 1990 年到 2000 年期间，代表互联网科技上市公司的纳斯达克综合指数，发生了翻天覆地的增长变化，由最初的 750 点飙升到 5000 点以上，这种经济泡沫被吹得越来越大。

这种大泡沫是极其不稳定的，但是人们并没有及时醒悟，他们甚至没有感受到丝毫的危险。当时，许多打着互联网旗号的个人和企业，并没有真正的科技含量，依然得到"热捧"。其间最让人印象深刻的"泡沫"，就是有些毫无产品的企业市值超过波音等大型公司。

美国的华尔街为此疯狂，他们所有的注意力都瞄准了互联网行业，并且从中获得了巨额利润。

可是再美再大的泡沫，也有破灭的那一天。

2001 年，纳斯达克综合指数出现异常，半年内暴跌 78%，互联网泡沫正式宣布破灭。

美国的超级投行产业立马陷入资产危机，像大摩、高盛这些大型企业龙头，几乎一夜间破产。连微软和苹果这样的互联网巨头，也是在政府的救助下才保留一丝活气。美国 GDP 从每年增长直接沦为几年内的负增长。

美国的泡沫经济见证了人类的贪婪；见证了投资者从众心理下的疯狂；见证了不对称信息发生时，人们为了利益和贪欲，居然愿意"闭着眼睛投资"。泡沫经济最容易发生在房地产行业和证券市场里。一旦这种泡沫破灭，经济市场将出现严重的后遗症。例如，股市出现持久的低迷，股价跌落历史最低点。不动产业出现长久的萧条，地价持久掉落最低点；尤其经济大萧条使企业破产，欠账、欠息和不良债券等问题大规模出现，这直接导致企业在投资方向上发生转变，企业将对价格风险大的产业失去投资热情，他们宁愿放弃长期投资，转向短期投资和债券。

覆巢之下，复有完卵乎！泡沫经济的破裂，使中小企业和家庭消费也受到损害。股价的下跌直接减少了家庭消费，无疑，这都抑制和影响了经济的发展和繁荣。

其实，泡沫经济并不是最可怕的，每个国家的宏观调控和市场都有独特的调节手段，令经济市场可以产生自我修复的周期。真正可怕的是人性无休止的欲望和不节制的贪心。明知道一种经济现象已经很危险，仍旧会不死心地使劲鼓吹这个"虚幻的泡泡"，从中获取巨额利润。

古语讲："人心不足蛇吞象。"人们终究会为自己的贪婪买单。

📈 活学活用经济学

1. 预防出现泡沫经济：通过对市场的监管、对制度的完善以及提高市场透明度和行为规范等行为，防止或抑制资产价格过度膨胀，维护市场的稳定。例如，在房地产行业，可以通过对土地进行控制、限制供给、对税收进行调控，以控制投机的发生，以此来抑制房价的异常波动，防止房地产泡沫经济的产生。

2. 对泡沫经济的干预：当市场经济出现狂热和异常时，通过调整利率或者发行货币等手段，来改变市场价格的巨大变动。例如，在股票市场，当发现容易出现泡沫经济现象时，及时对利率进行一定幅度的提升、增加供给、设立止损等手段，都可以有效防止股票市场发生崩塌的现象。

3. 泡沫崩塌后的应急：政府通过使企业恢复信心和稳定市场，来保证民生和促进经济的复苏，以此来控制和减弱资产经济价格的暴跌，从而避免社会危机的产生。例如，在金融危机中，可以通过救助一些濒临破产企业，来恢复金融体系的运转，促进全国经济的增长和恢复。

行为篇

经济学的思维方式

利他行为：你快乐所以我快乐

利他行为简单来讲，就是有利于他人的行为，是指个体将自身利益置于次要位置，以促进他人利益为目标的行为。

利他行为是指一种出于自愿、无私的心理，个体愿意为他人利益付出一定代价的行为。这种行为不仅包括物质上的帮助，还包括精神上的支持。

社会学中，将利他行为分为三种：亲缘利他、纯粹利他和互惠利他。

亲缘利他指的就是有血缘关系的生命个体为自己的亲属做出的牺牲。例如：在地震中，一位母亲以血肉之躯，替儿子挡住砸下来的巨石；在火灾中，母亲为了保护腹中的胎儿，选择以护住腹部的方式逃生。这些令人动容的行为，就是亲缘利他的行为。

纯粹利他，是一种无私的行为，指的是个体在行动时，不考虑自己的利益，而只考虑他人或社会的利益。这种行为是出于对他人的关爱、同情和责任感，而不是为了得到某种回报或避免某种惩罚。可以这样说，纯粹利他主义的动机，即从其他人的快乐中得到快乐。

例如，社会经济活动中，很多企业将获利的 30% 捐赠山区，盖希望小学或者捐赠医疗。他们以一种"慈善经济人"的身份，低调地做着利于他人的事情。

存粹利他主义不注重"个人回报"，只注重个人精神的满足。从经济学意义上而言，这种行为将"投资风险"与"预期回报"抛向脑后。

互惠利他就不同了，它指的是不同血缘生命体之间，为了回报而相互提供帮助的行为。他们将"互惠"作为自己的心理动机，一切互惠行为的背后，是希望自己可以获得一定程度甚至更大的收益。

在经济学中，互惠利他可以说是一切经济活动发生的根本动机，也是经济活动可持续发展的基本动力。

例如，企业与企业之间相互合作，共享资源、共同创新，然后通过合作平分利益。按照经济学家对"利益"的理解，在经济市场的自由竞争中，企业自利是"合乎人性"的，但是"唯利是图与自私自利"在企业活动与合作中是不受欢迎的。

唯利是图的企业，既没有核心竞争力，也没有真诚的合作者，它们终将被市场淘汰。所以，在行为经济学中，互惠利他主义经济也属于一种"同理心"，企业愿意为他人的利益牺牲一点个人经济利益，同时也证明了它们的"善良与诚实"，这不仅有利于企业形象的建立，也是互惠利他的有效保障。

在现代市场经济活动中，"互惠利他"不仅让企业经营状况良好，而且让企业受到社会的广泛尊重。

所以，行为经济学将利他行为定义为现代社会经济发展的必要精魂。这种利他行为对于维系人类社会的经济制度、维系人类社会的合作效率和组织效率，具有不可替代的重要作用。

〽 活学活用经济学

1. 培养利他意识：利他心属于"同理心"，并不是个体组织与企业的责任和义务。所以要注意培养利他意识，关注他人的需求和利益，并采取积极的行动。

2. 寻找利他机会：利他行为不仅指社会上的慈善和捐赠活动，还可以通过灵活创新，来为自己寻找利他的机会。例如，企业可以提高服务质量和产品质量，增加利他性；或者一些大型企业为弱势群体提供基础岗位。利他精神的传播和行动，可以促进社会的发展。

3. 推动社会福利的发展：政府可以出台相关政策，鼓励企业进行利他行为的经济活动；企业之间也可以相互合作，形成战略伙伴，共同推动社会福利事业的发展。

羊群效应：你是那只盲目的"羊"吗

羊群效应是一种个体生命不顾私有信息而采取与别人相同行动的行为，同时，也是社会群体中，有交叉联系又相互作用的人们，趋向同一种思考和行为的效应。

羊群效应在行为经济学中非常普遍，通常用来描述经济个体的从众跟风心理，跟风容易导致盲从，而盲从容易导致失败，或者陷入骗局。

羊群效应的定义为：个人的观念或行为，由于真实的或想象的群体的影响或压力，而向与多数人相一致的方向变化的现象；表现为对特定的或临时的情境中的优势观念和行为方式的采纳；表现为对长期性的占优势地位的观念和行为方式的接受，人们会追随大众所同意的，将自己的意见默认否定，且不会主观上思考事件的意义。

在行为经济学中，"羊群效应"主要产生两种行为。一种是投资人本想进行一项投资，但当他得知其他人并不投资时，他会盲从停止和放弃投资；另一种就是，投资者本来对一些项目没有兴趣，但是当舆论大众都投资此项目时，投资者会紧跟其后进行投资，随大流。投资者选择投资的信息，并不是根据自身调研出来的，而是采用模仿效应。

正如一群羊都往前跑，如果用一个栏杆拦住头羊，头羊会跳过去，后面的羊就都会跟随跳栏杆。即使取走栏杆，后面的羊来到这个位置，依然会接二连三地起跳。这表明，在行为经济学中，羊群效应指的是一种非理性行为产生的效应。投资者明显不是"理性和明智的决策者"，他们过于依赖他人决策，不考虑决策是否真正适合自己。

股票市场中，羊群效应是非常显著的。根据行为经济学研究，产生这一效应的根源，是股票投资者的"心理因素"，甚至表现为，无论投资者是风险偏好者还是风险躲避者，他们都存在相同的羊群效应行为。当股价大涨，人们跟风疯买；股价下跌，人们的从众心理也导致投资者并不会"守株待兔"，而是一窝蜂地抛出。

这种在集体中"舆论协调"的统一性引起经济学家的注意。于是，他们提醒投资者，切勿盲目进行股票交易，每一个投资的行为都要结合自己的自身情况谨慎操作。

在这个经济发达的时代，商家也利用"羊群效应"来改变人们的消费习惯。而当代的年轻人，也很容易受到"羊群效应"的影响，去盲目追求一些奢侈品，这种行为代表了一种冲动。

经济学家说道："经济的盲从是人类群体共有的特点，它既刺激了消费，促进了经济的进步，也造成资源分配的不均衡。人类应该反思，在羊群效应背后，我们的冲动与欲望，在急迫的心理状态下，应该怎样止损和沉稳。"

📈 活学活用经济学

1. 独立思考：不要盲目地跟随他人的行为和决定，而是要根据自己的自身情况和价值观、知识体系做出判断和决定。面对投资和选择时，尝试冷静与多角度思考问题，寻求不同的方案，做最适合自己的决策。

2.慎重判断：在接收到外界的各种信息后，要对市场情况和信息进行慎重的判断，保持独立和警觉性。不要轻信他人的推荐，也不要盲目跟随他人，要有自己的主见。

3.寻求专业建议：在某些特殊领域或者问题上，要找专业人士咨询相关问题，寻求专业人士的建议和意见。但是并不代表完全依赖他们给的建议，可以结合实际，做出最终决定。

经济学与幸福：酋长和流浪汉

　　　　财富不断增加，并不一定就是幸福。经济学最终的目的，就是寻求财富最大化与幸福最大化之间的平衡。

　　有一个部落的酋长，他权势很高，但是感觉不幸福。他观察身边的人，发现无论是仆人还是侍卫，甚至其他部落的酋长，也都满面愁容，各有各的烦恼，大家都没有幸福感。于是，酋长发动侍卫去寻找部落里最幸福的人。

　　可是，侍卫们跑遍部落的每个角落，发现不论是田间种地的，还是水中插秧的，都有自己的烦心事，只有一个流浪汉整天都是快乐的。侍卫将流浪汉带到酋长面前。

　　酋长问他幸福的秘诀，流浪汉很奇怪。他回答道："我为什么不幸福？我什么都没有啊。"

　　在传统经济学中，普遍认为财富能够增进人类的幸福。但是行为经济学却认为，财富和金钱不是幸福的充分条件，也并不是幸福的必要条件，甚至可以说，财富与幸福也许并不相关。就如同故事中的流浪汉，因为他一无所有，所以他自在而幸福。

　　讨论经济学与幸福，这里必须讲到一个概念，即享乐主义。早在古希腊时，享乐主义就被提及。虽然这个概念受到大多数群体的批判，但它还是受到社会上达官贵人的拥护。

享乐主义经过发展，产生了"功利主义"这个概念。其中的基本观点就是："幸福等于效用。"

经济学家认为，快乐是正面的效应，而痛苦是负面的效应。因此幸福应该是一个人获得效应的总和。他们甚至认为，社会行为中，每个人都是自私的，以考虑自己的利益为根本诉求点，那么，社会行为的目的就是增进所有人的福利效益。

这种经享乐主义发展而来的功利主义概念，在相当长一段时间，在政治、法律和文化层次，均获得了很大的成功。人民普遍赞同幸福即等于效用。

但是，随着第二次世界大战爆发，物质生产力飞速发展，一种新的关于幸福的价值观诞生了，它就是消费主义。

消费主义指追求消费与物质的享受，并且将其视为生活的目的和人生的价值，甚至称为"幸福"。

消费主义者的名言就是"我消费，我幸福"。

这种幸福观令老一辈叹为观止。他们不再认为消费只是单纯获得商品和服务。那种为了需求而消费的本身意义，被赋予另一层目的，即"为了消费而消费""在消费中体会消费的快乐，即幸福"。行为经济学家为此感慨："越来越多的人们通过购物来消除烦恼和打发闲暇时间，他们将这个过程视为一种享受。"

在消费主义的幸福论下，消费已经成为一种"幸福"的手段，有的人因为佩戴名牌手表而"幸福"；有的人因为拥有昂贵的钻石而"快乐"。这些商品充分彰显了他们与众不同的身份和地位。

从享乐主义到功利主义，再到消费主义，主流经济学一致认为"效用等于幸福"。人们想要拥有幸福，就需要不断地增加效用。但是，行为经济学提出了质疑。他们说："按照这种说法，有新消费就有好的效用，那么幸福感就应该增强，可是事实真的如此吗？"正如开篇故事中的酋长，他位高权重，物质享受丰富，但他并不幸福。

传统经济学中关于享乐主义的幸福观，也在随着时代的发展变化。享乐主义的幸福观，容易引起人们的心理问题和很多社会问题。比如，虚荣心、炫富和贪婪下的暴力问题等。

行为经济学通过发展，旨在平衡经济学与幸福的关系，揭开财富面具下人类深层次的需求，幸福的指数将会更好地提高。

📈 活学活用经济学

1.理解并应用供求理论：供求理论适用于商品和服务市场。理解供求关系，有助于满足我们真正的需求，这样一来，在日常生活和工作中，就可以避免浪费，从而提高我们的幸福感和满足感。

2.运用边际分析：边际分析可以评估出额外的成本和收益。在生活和工作中，如果我们做任何决策都能够考虑边际成本和边际收益，我们的投资将会更加合理。

信息自负理论:"奇葩"的知识幻觉

信息自负指个体对自己获得信息或知识的能力,有一种过高的自信或自我评价。换句话说,个体过分相信自己的信息获取和分析能力,这可能导致决策失误或者错误的行动。

是否信息获取得越多,人们的决策就会越精准呢?

传统经济学家曾这样评价:"拥有大量的信息,人们会根据自己所得到的信息来优化自己的决策,也就是说,人们知识量的增加和投资行为之间呈现正比例增长,而随着知识量增加的,是投资者的理性度。"

然而,行为经济学家经过大量的研究,认为事实并非如此:人们虽然拥有了更多的信息,但有一大部分人缺乏将信息汇总、整理、剥离的能力,导致越来越多的信息反而成为一层层迷雾和障碍,这样就造成了经济行为人基于错误信息做出的错误投资。同时,由于人们缺乏将信息正确整理的能力,从而导致信息偏差导向,最终造成决策偏误。

那么,什么是信息自负理论呢?

信息自负理论就是在这种信息偏差下产生的,但是经济行为人的心理感觉与传统经济学理论一致，他们普遍认为，信息量越庞大，他们掌握正确信息的可能性就越大，并且信息越多会导致决策越合理，所以当人们掌握更多的信息时，往往会表现得过度自信。这种信息自负理论在行为经济学中，被称为"知识幻觉"。

很多股民炒股，只要有时间，就喜欢去各大股票论坛里浏览新的信息。据经济学家调查研究，股票论坛上，专家的意见和信息，并没有一些论坛上所谓的"小道消息"受欢迎。而且，那些来路不明的小道消息，常常引起股民的跟随和反应，并且小道消息更容易引起第二天股票市场中交易量的急剧上升。造成这种反常现象的原因就是"知识幻觉"。

股民们普遍认为，那些正规的消息所能带来的、有价值的信息量十分有限，而那些小道消息则能让股民们觉得他们获得了"稀有珍贵"的有价值信息，在这种盲目自负的"知识幻觉"下，股民不自觉地做出错误的决策。这就是信息自负理论在股市里最明显的体现。

在信息自负里，知识幻觉还有另一层表现，就是经验型自负。

在生活中，我们经常听到父母说："姜还是老的辣""我吃过的盐比你吃过的米都多"。这都证明经验在生活中的重要性。

但是，这也导致人们产生另一种"知识幻觉"，即认为过去发生过的事情，未来也会如此，过去的经验，未来也用得上。这种想法，会导致一个人产生自负心理。

也就是说，人们常常会过度相信自己在某一领域的经验，进而根据经验对未来的事情进行决策和判断，这样做很容易产生偏差。

古代历史上就有很多这样的例子。例如，战国时期魏国的庞涓，因为高估自己的能力，过度自负，他沉浸在过去的经验里，导致自已被乱箭射死；秦国将军李信，因为自负而低估楚国大将军项燕的能力，饮恨而终。他们都是存在经验型自负心理，终究以失败落幕，告别了历史的舞台。

所以，行为经济学认为，在庞大的信息量面前，一定要避免经验型自负心理的产生。当人们对投资行为进行论断时，要注意观察是否存在"知识幻觉"的迷境。

经济行为人容易对自己的判断深信不疑，这都是过度自信的表现，应该对现有信息进行冷静又理性的审视，跳出过往经验的固定思维模式，对投资进行更加准确的决断。

📈 活学活用经济学

1.提高信息素养：通过培训等方式，提高个人对信息甄别的能力，包括信息意识、信息处理技能、信息道德等方面的能力提升，从而增强处理和利用信息的能力。

2.引入专业机构：对于一些对信息处理不擅长和资源有限的个人和组织，可以考虑引入专业机构或专家，来对信息进行评估和分析，从而提高决策水平，做出正确的经济行为。

3.强化信息监督：加强对各种经济信息的监管和传播，防止信息的过度变形和失真。确保信息传播的准确性、健康性和可靠性。

附

知道点经济学名著

《国富论》

亚当·斯密

〽️ 名著速读

《国富论》全名为《国民财富的性质和原因的研究》。这本专著的第一个中文译本是翻译家严复的《原富》。

《国富论》于 1776 年第一次出版，全书共 5 卷。在第一卷的序言中，作者英国经济学家亚当·斯密对全书进行了概括描述，他认为国民财富的产生主要取决于两个因素：一是劳动力的技术、技巧和判断力；二是劳动力占总人口的比例。在这两个因素中，第一个因素起决定性作用。

《国富论》被誉为西方经济学的"圣经"。它首次提出"无形的手"的概念，其出版标志着经济学作为一门独立学科的诞生。《国富论》是现代政治经济学研究的起点。

亚当·斯密于 1768 年开始着手著述《国富论》。1773 年，《国富论》已基本完成，但亚当·斯密多花了三年时间来润饰此书。该书初版发行于 1776 年 3 月，就是美国《独立宣言》发表的那一年。

《国富论》从国富的源泉——劳动说起，再说到增进劳动生产力的手段——分工，因分工而产生交换，随后论及作为交换媒介的货币，再探究商品的价格，以及价格构成的成分——工资、地租和利润。

第1卷，共11章，主要内容是分析形成及改善劳动力生产能力的原因，分析国民财富分配的原则。

第2卷，共5章，主要内容是讨论资本的性质、积累方式，分析对劳动力数量的需求取决于工作的性质。第2卷共有五大论点：一论资产的性质及分类；二论社会总资产中的一种特别部门（即货币）及银行的各种操作以节约货币的方法；三论资本的积蓄及生产与不生产的劳动；四论利息的升降；五论资本的各种用途，并予以比较。

第3卷，共4章，主要内容是介绍当时普遍地重视城市工商业，轻视农业的政策的原因。第3卷说明：资本最初是用于农业，而后用于各种制造业，最后用于国外贸易。

第4卷，共9章，主要内容是列举和分析不同国家在不同阶段的各种经济理论。

第5卷，共3章，主要内容是分析国家收入的使用方式，是为全民还是只为少数人服务，如果为全民服务有多少种开支项目，各有什么优缺点，为什么当代政府都有赤字和国债，这些赤字和国债对真实财富有什么影响等。

在《国富论》中，亚当·斯密有下列重要主张。

（1）个人主义：经济体制的建构，应以保障个人的生存及发展为原则。因为每个人若能充分发展自我，则社会整体也将获得进步。

（2）私有财产制：主张私人有权拥有及支配自己的财富。如此才能使个人充分发展，同时促进文明的发展。

（3）追求利润具有正当性：企业家投资工商业虽然是为了追求利润，但是在这个过程中往往产生服务人群、贡献社会的效果，促进社会进步。

（4）经济自由：主张政治中立，不随便干预经济活动，使每个人能按照自己的意志，自由地进行经济活动，如此才能有效率。

（5）价格机能：商品的价格由市场来决定，如此价格自然会调整恰当，而且资源也会配置得当，结果将使社会效益达到最佳的状态。

《国富论》中总结了近代初期各国资本主义发展的经验，批判并吸收了当时重要的经济理论，对整个国民经济的运动过程做了系统的描述，被誉为"第一部系统的、伟大的经济学著作"。

从最终效果来看，《国富论》也许是迄今为止最重要的书，这本书对人类幸福的贡献，超过了所有名垂青史的政治家和立法者做出的贡献的总和。

——[英]巴特勒

在亚当·斯密那里，政治经济学已发展为某种整体，它所包括的范围在一定程度上已经形成。亚当·斯密第一次对政治经济学的基本问题做出了系统的研究，创立了一个完整的理论体系，把英国资产阶级古典政治经济学提高到一个新的水平。

——[德]马克思

不读《国富论》不知道怎样才应该叫"利己"，读了《道德情操论》才知道"利他"才是问心无愧的"利己"。

——1976年诺贝尔经济学奖得主

[美]米尔顿·弗里德曼

📈 名著解读

1. 分工理论

分工理论是斯密全部经济学说的理论起点。在斯密看来，分工可以促进劳动者的熟练程度、技术水平和判断力的提高，使劳动生产力不断增进，进而增加一国的财富产出。

为了使人们能够理解社会一般业务分工所产生的结果，斯密对个别制造业的分工情况进行了讨论。他列举制针业来说明："如果他们各自独立工作，不专习一种特殊业务，那么不论是谁，绝对不能一日制造出二十枚针，说不定一天连一枚针也制造不出来。他们不但不能制造出今日由适当分工合作制造出的数量的二百四十分之一，而且连这数量的四千八百分之一恐怕也制造不出来。"

劳动分工之所以可以促进生产力的提高，斯密归纳出了三个原因：第一，劳动者的技巧因专业而被提高；第二，由一种工作转到另一种工作，通常会损失不少时间，有了分工，就可以免除这种损失；第三，许多简化劳动和缩减劳动的机械发明，只有在分工的基础上才可能被完成。

斯密认为，分工是人类共有且特有的行为。这种行为起源于人类利己的本性所形成的"交换倾向"——他认为人具有喜爱相互交换东西的习性。生活在文明社会中的人类随时都有获取多数人协作和援助的必要，而在多数情况下，人类把自己的需要表现为为了满足别人的需要而进行的交换。交换是产生分工的重要原因，分工是交换的结果，交换和交易促成了分工的形成。

正因为分工起源于交换，所以分工的程度总要受到交换能力大小的限制，也就是说要受到市场规模的限制。市场狭小，专业生产者的剩余产品就不能全部卖掉，导致其不能完全通过交换行为得到自己所需要的产品，因此专业生产者在实际中便不会存在。

2. 货币理论

斯密认为，分工一经完全确立，个人劳动的产物只能满足自身欲望很小的一部分，个人其他欲望，需要用自己剩余的劳动产物交换所需要的其他劳动产物来实现。于是，所有人都依赖于交换而生活，或者说分工会极大地促进交换的发展，甚至使整个社会都成为商业社会。

在商业社会中，人们的交换活动是不能离开货币而进行的。他认为，货币是在分工产生之后，在物物交换的过程中逐渐形成的。从本质上说，货币虽然是从商品中分离出来，能够使交换活动更加便捷的技术工具，但它仍然具有商品的性质。因此，货币和其他商品一样，也是劳动的生产物，同样具有自身的价值。这样，货币就具有了两种职能：交换的媒介和价值的尺度。

3. 商品的价值和价格理论

商品价格的本质是劳动，劳动是第一性价格，是最初用以购买一切货物的代价。世界上的一切财富，原来都是用劳动购买而不是用金银购买而来的，货币所标注的只不过是商品的名义价格。商品价格受到供求关系的影响。

斯密认为，"价值"有两个不同的含义：它有时表示特定物品的效用；有时表示由于占有某物而取得的对他种货物的购买力。前者被称为使用价值，后者被称为交换价值。使用价值很大的物品，有时候却具有很小的交换价值；反之，交换价值很大的物品，有时候只具有很小的使用价值，甚至一无所用。劳动是衡量一切商品交换价值的尺度。

斯密认为，商品价值量与其所耗费的劳动量成正比，与生产该商品的劳动生产率成反比，而劳动生产率的提高又是由分工的水平所决定的。虽然劳动决定了商品的自然价格，但有时会出现自然价格和市场价格不一致的情况。斯密认为这主要是由供求关系的影响导致的，但是这种偏离总是有一定的限度，即市场价格总是围绕着自然价值这个中心上下波动。

4. 分配理论

斯密的分配理论，是劳动工资、资本利润及土地地租自然率的决定理论。

斯密认为，无论在任何社会，商品价格归根结底都可以被分解为三部分：工资、利润和地租，国民财富在这三者之间进行有机分配，其他收入分配都是由此而派生出来的。价格和这三者之间的关系是：工资和利润的高低决定了价格的高低；价格的高低决定了地租的高低。在利润分配的过程中形成了三大阶级：一是以地租为生的地主阶级，他们和社会利益密切相关；二是以工资为生的工人阶级，他们和社会利益密切相关；三是以利润为生的资本家和雇主，他们和社会利益没有关系。

关于工资，斯密认为，工资是劳动的所得，是劳动的收入或报酬，是由劳动生产物或其价值构成的，是劳动者维持生活、延续后代所必需的生活资料的价格或价值。工人的工资必然随着资本的积累和国民财富的增长而不断提高。

关于利润，斯密认为，第一，利润是工人劳动生产价值中的一部分，是雇主分享的由工人劳动所创造的价值和扣除工资之后的余额；第二，利润是资本的自然报酬，是资本家的正当所得。而资本的利息，斯密认为它是一种派生的收入。

关于地租，斯密认为，第一，地租是工人劳动所生产的价值的一部分，是先于利润扣除的部分；第二，地租是地主土地的代价或自然报酬，是商品价值的基本构成之一。

5. 资本的性质和用途

斯密认为，资本是使国民财富增加的重要因素。在不存在分工的原始社会，人们并不需要积累资本。但随着分工的出现和不断发展，分工形成了社会成员之间的相互依赖性，一个人为了满足自身的需要就要进行交换活动，但在交换活动完成之前，他必须有一定的资本积累用以维持其生活的需要。这就是生产者进行资本积累的原因。因此，要提高一个国家的生产能力，就必须积累足够多的资本，资本积累得越多，越能够促进社会交换的增加和产业的细分，分工越来越细，一国的产出就会逐渐增多。

一个国家或一个社会的总资本，即全体居民的资本，因此它也自然分成三部分，各部分有其特殊的作用。

第一部分是留给当前消费的，其性质是不提供收入或利润。

第二部分是固定资本，其性质是不必经过流通，不必更换主人就可以提供收入或利润。它主要包括四项内容：一切便利劳动和节省劳动的工具；一切有利润可取得的建筑物；用开垦、排水、围墙、施肥等有利可图的方法投下的使土地变得更适于耕种的土地改良费用；社会成员所学到的有用的才能。

第三部分是流动资本，其性质是要通过流通、更换主人来提供收入。流动资本由四项内容构成：货币；屠户、畜牧家、农业家、谷物商人等所有的待售食品；还在耕作者、制造者、布商手中的待加工的材料；已经制成，但仍在制造者或商人手中，未卖出或分配给真正消费者的物品。

在生活比较安定的社会中，有常识的人都愿意用可供他使用的资本来寻求目前的享乐，或者寻求未来的利润。

为了更清楚地分析一国资本积累的源泉，斯密将劳动分为两种：生产性劳动和非生产性劳动。一国的财富多少取决于该国生产性劳动的多少（因为非生产性劳动不能创造国民财富），因此应该提高生产性劳动所占的比重。一般来说，富国的生产性劳动比较充裕，而贫国恰恰是因为缺乏生产性劳动而变得越来越穷。同时，斯密颂扬勤劳和节俭，认为资本是提高国民财富的重要手段之一，而资本的增加正是节俭的结果。因此，斯密倡导政府也要节俭。

斯密认为，一切资本，虽然都用以维持生产性劳动，但等量的资本可能会导致不等量的价值增加，这样资本因用途的不同就可能会产生不同的推动生产性劳动的作用。

斯密认为，资本有以下四种不同的用途：第一，用以获取社会上每年所需消费的原生产物，是在农业、渔业、矿业等产业中进行的投资；第二，用以制造原生产物，使之适用于当前的使用和消费，是在工业、制造业中进行的投资；第三，用以运输原生产物或制造品，将其从有剩余的地方运往缺乏的地方，是批发商和中间商进行的投资；第四，用以分散一定部分的原生产物或制造品，使之成为较小的部分，适于消费者的临时需要，是零售商所进行的投资。

以上四种投资方法密切相关，对社会福利及其发展缺一不可。其中，最有利于社会的是农业投资，制造者的资本留在国内是比较重要的；效果最小的是投在出口贸易上的资本；私人利润的打算，是决定资本用途的唯一动机。

6. 财富的发展

斯密认为，财富的发展实质上是在城市居民与农村居民的商业活动的发展中展开的。按照事物的本性，生产资料必定先于便利品和奢侈品。因此，生产前者的产业，即农业，也必定先于生产后者的产业。具体来说，提供生产资料的农村的耕种和改良，必定先于只提供奢侈品和便利品的城市的增加。农村居民先维持自己生存，才有剩余产物维持城市的居民生存。因此，要先增加农村产物的剩余，才谈得上增设城市。但城市的生产资料不一定要依靠于附近的农村，甚至不一定要靠国内的农村，而可以从国外运来。

在利润相同或相近的情况下，人们在选择投资途径时，在制造业和国外贸易两者中宁愿选择前者，正如在农业与制造业中宁愿选择农业一样。与制造商的资本相比，地主或农业家的资本更为稳妥。同样地，和国外贸易的资本相比，制造商的资本更为稳妥，因为其资本随时都在其监督之下。

按照事物的自然趋势，进步社会的资本，首先大部分投在农业上，其次投在工业上，最后投在国外贸易上。这种顺序是自然形成的。在所有国家中，资本总是在某种程度上按照这种顺序运作的。一国总得先开垦一些土地，才能建立许多城市，总得在城市里先有了一些粗糙的制造业，才会有人愿意投身于国外贸易当中。

工商业城市的增加与发展，对于农村的改良与开发会有所贡献：第一，为农村的原生产物提供一个巨大而便利的市场，从而促进了农村的开发与进一步发展；第二，城市居民所增加的财富，可以用来购买待售的土地，其中很大一部分往往是尚未开发的土地；第三，工商业的发达可以改变农村居民的社会状态，使其获得更大的个人安全和自由。

7. 商业主义

有一种流行的见解认为财富由货币或金银构成，这是因为货币具有双重作用，它既是交换的媒介，又是价值的尺度。因此，财富与货币，无论从哪一点来看，都是同义词。

富足的国家就像富足的人一样拥有很多货币。对任何国家来说，储积金银都被认为是致富的捷径。在一个国家中，人们通过劳动所能购买或生产的每一种商品，会按照有效需求来自行调节。当一个国家所输入的金银量超过有效需求时，无论政府实行怎样的政策也不能避免其输出。有许多货物因体积原因，不能由存货充足的市场转移到存货不足的市场，但金银如果从丰裕的市场转移到短缺的市场很容易。因此，金银的价格才不像其他货物的价格一样受到供求关系的很大影响。

一个有购买能力的国家，如果因缺乏金银而想补足的话，比补足其他任何商品更为方便。金银的输入，不是一国得自国外贸易的主要利益，更不是唯一利益。任何经营国外贸易的国家，都可以从中得到两种不同的利益：一是输出他们所不需要的土地和劳动年产物的剩余部分；二是换回他们所需要的其他商品。

8. 税收思想

（1）税收的原因和用途。斯密把国家的经费划分为国防费、司法费、公共事业费和公共设施费，以及维持君主尊严的费用。在对以上各种费用的性质和内容进行详细论述后，斯密提出，那些为社会一般利益发生的支出，应该由全社会共同承担；凡是有些服务下存在具体受益人的项目，如道路交通、教育设施等，可以由受益人承担一部分费用；而那些为了社会局部利益发生的支出，如果让全社会来承担，就不太恰当了。他认为，政府的以上开支来自民间，属于非生产性劳动开销，也就相应地减少了国内本可以用于生产性投入的资本总量。

（2）税收的来源。斯密将地租、利润、利息看作剩余价值的表现形式，这三者对个人来说代表着收入。既然人们的收入总是由这三部分所组成的，而税收来自于收入，因此，税收不是对这部分收入的扣除，就是对那部分收入的分割。

（3）征税的原则。斯密提出四大赋税原则，即公平、明确、便利、经济。

公平原则是指一国国民应尽可能按其能力支持政府，即国民应按其在政府保护下所享有的利得比例纳税。

明确原则是指国民应当缴纳的税捐必须确定并且不得随意变更，其缴纳时期、缴纳方法、应付税额都应对纳税人清楚宣示。

便利原则是指一切税捐，都应在最适合于纳税人的时间、地点，以最适合的方法收取。

经济原则是指政府应当解决税收制度不合理所导致的收费成本过高的问题，降低征收成本。

斯密比较反对征收利润税、工资税等税种，因为那样做必然会影响资本的积累，但他比较赞成征收地租税，因为那样做不会影响财富的生产和大多数人的收入。

《经济学原理》

阿尔弗雷德·马歇尔

名著速读

英国经济学家马歇尔的《经济学原理》出现的时期，正是西方资本主义向帝国主义过渡的时期，是国际工人运动迅速发展和资本主义各国无产阶级政党相继创立的时期。在政治经济学领域中，自从 1867 年马克思的《资本论》（第 1 卷）出版后，以往庸俗经济学的辩护理论已被马克思揭穿，它们已经不能为资产阶级担负起辩护的任务，社会经济和阶级斗争的发展使资产阶级迫切需要创立一些新的理论来维护资本主义制度。19 世纪 70 年代，为适应这种要求，在资产阶级庸俗经济学中出现了新历史学派及以杰文斯、洛桑学派和奥地利学派等为代表的边际效用学派。到了 19 世纪末，马歇尔便吸收各新旧庸俗经济学派的学说，写成了《经济学原理》一书。

在本书中，马歇尔既以英国古典经济学中的生产费用论为基础，吸收边际分析和心理概念，论述价格的供给一方；又以边际效用学派中的边际效用递减规律为基础，对其进行修改，论述价格的需求一方，认为商品的市场价格决定于供需双方的力量均衡，犹如剪刀之两刃，是同时起作用的，从而建立起了均衡价格论。马歇尔分析了均衡价格的三种形式（暂时的、短期的和长期的均衡价格），研究了生产成本的三种情况（递增成本、递减成本、不变成本），提出了弹性理论、生产者剩余和消费者剩余概念，并建立了供给曲线、需求曲线及其公式。马歇尔还用均衡价格分析方法论述了工资、利息、利润、地租，认为它们分别是劳动、资本、企业家能力和土地的均衡价格。马歇尔的均衡价格论是静态局部均衡分析的典型。

该书常与亚当·斯密的《国富论》和大卫·李嘉图的《政治经济学及赋税原理》相提并论，被公认为经济学发展史的一个"里程碑"。

📈 名著解读

1.经济学方法论

马歇尔的《经济学原理》建立了经济学的"静态分析范式"，现在被演变为局部分析法。熊彼特曾说过："与其说马歇尔创造了一种分析的工具，还不如说他熟练地掌握了一种分析的工具。"马歇尔的方法论主要可概括为以下几个方面：

（1）既主张采用推导理论模型的抽象法，又赞成历史主义的描述法。对于新历史学派和奥地利学派就经济学研究是采取历史归纳法还是采用抽象法的争论，他的态度是：每一种方法都有利有弊，因此各种方法应适当配合，而不应该相互排斥。

（2）吸收了进化论的观点，提出了"只有渐进，没有突变"的连续原理，用以分析各种商品现象。

（3）将数量关系分析法更明确地演化为边际增量分析法，不仅用它分析价值问题，而且把它推广到其他经济问题的分析上，如国民收入的分配，生产要素的组合替代原则，生产过程中各类资源的配置原则等。

（4）把力学中的均衡引入经济分析当中，创立了静态的局部均衡分析法，运用这种方法来分析经济力量的关系，如均衡价格的形成。这种分析方法奠定了现代微观经济学分析法的基础。

（5）运用数学公式、几何图形及图表来解释各种经济现象，如供给表和需求表、供给曲线和需求曲线、弹性公式等。

2. 均衡价格理论

牛顿力学中的均衡概念被马歇尔应用到政治经济学中来，提出了著名的均衡价格理论。均衡价格理论不仅仅是马歇尔经济学说的核心，还是当代微观经济学体系的理论核心。均衡价格理论的建立有着深刻而广泛的影响，从某种意义上讲，它标志着经济学从"古典"向"新古典"的最终转变。

马歇尔认为，价格与供求是相互作用的连锁关系，价格会影响供求，供求也会影响到价格。他的论证是这样的：假设价格水平一定，如果需求超过供给，价格就会上升到当前价格以上，生产也会随之增加；与之相反，假如需求少于供给，则价格就要降到当前价格以下，生产也会因此减少。他从这种相互关系出发，分析了供给、需求与价格的函数关系。按照马歇尔的分析，这种函数关系是：需求表现为自左向右向下倾斜的曲线，它随价格的上升而递减（它之所以会递减，是因为效用是递减的）；反之，供给表现为自左向右向上倾斜的曲线，它随价格的上涨而上升。

马歇尔在论证均衡价格决定与形成的基础上，又论证了需求价格和供给价格。他认为，商品的需求有需求价格，商品的供给有供给价格，商品的均衡价格就是需求价格与供给价格相等时的价格。所谓需求价格，就是消费者为购买一定量的商品所愿意支付的价格，它是由边际效用决定的。假如价格越高，购买者就越少，销售量就越小；与之相反，假如价格越低，购买者越多，销售量就越大。他以一个人买茶叶为例，假如茶叶每磅（1 磅 ≈0.45 千克）的价格为 50 便士，则他只想买 6 磅；假如每磅的价格为 33 便士，他就想买 8 磅；假如每磅的价格为 24 便士，他就想买 10 磅；假如每磅的价格降到 17 便士时，他就想买 13 磅。如果以纵坐标代表价格，横坐标代表商品数量，就能画出一条代表个人对茶叶的需求曲线。虽然在市场中，个人活动的多样性和易变性在多数人的比较有规律的活动中被抵消了，但是市场上对一种商品的总的需求情况就可以用与个人需求曲线相同的方法来表明。

所谓供给价格就是售卖者对自己提供一定数量商品时所愿意接受的价格，它是由生产成本决定的。生产的一般规律就是：当预期商品出售的价格小于生产成本时，生产会减少；当预期商品出售的价格大于生产成本时，生产则会增大。由此可以画出该商品的供给曲线。

3. 分配理论

马歇尔的分配理论，是其均衡价格论的延续，它主要想说明的是分配份额的大小决定了各生产要素的均衡价格。因此，他的生产理论的任务，就是要研究各生产要素的均衡价格的形成，说明生产要素的均衡价格就是各个生产要素所有者所取得的收入或报酬。他把生产要素区分为劳动、资本、企业组织和土地四种，它们的均衡价格分别构成各自的收入，即工资、利息、利润和地租。实质上，他把"三位一体的公式"扩大为"四位一体的公式"：劳动—工资，资本—利息，组织—利润，土地—地租。

（1）工资。工资是对劳动的报酬，是劳动的需求价格和供给价格相均衡时的价格。劳动的需求价格由劳动的边际生产力决定。劳动的边际生产力就是边际工人提供的纯产品数量，或边际工人增加的产量，它是企业家在雇用工人时愿付的价格。劳动的边际生产力只给工人提供收入，并不给企业家提供收入，但也不给企业家带来损失。

（2）利息。利息分为纯利息和毛利息。纯利息是纯粹使用资本的代价或称为"等待"的报酬。毛利息除了包括纯利息外，还包括运用资本的手续费、经理费、投资风险费等。马歇尔认为纯利息是资本这个生产要素的价格，它是由资本的需求价格和供给价格均衡决定的。

（3）利润。利润是企业家管理企业、组织生产的经营能力的报酬，是企业组织和经营能力的需求价格与供给价格均衡时的价格。

（4）地租。地租是土地的收益。耕种者对同一土地连续追加资本和劳动，农产品总产量的增加率是递减的，直到一次投入土地的劳动和资本所提供的产量仅够偿付劳动和开支，超过这个产量的余额就是他的"生产者剩余"，也就是地租。

4. 外部经济与内部经济

马歇尔在萨伊的生产三要素（劳动、资本与土地）说之上，增加了第四要素——工业组织，在西方产业组织理论发展史中，首次提出了产业组织概念。马歇尔之所以把"组织"作为生产的第四要素，是因为他触及了"规模经济"的问题。他认为规模经济是与工业组织直接相关的。马歇尔在探讨规模经济发生的原因时，提出了著名的"马歇尔冲突"。自此，怎样兼容自由竞争和规模经济，就成为产业组织理论研究的基本问题之一。

围绕规模经济发生的原因，马歇尔在产业组织理论中第一次提出内部经济与外部经济两个概念。他在《经济学原理》中指出："我们可把因任何一种产品生产规模的扩大而发生的经济活动分为两类：

第一类取决于产业的一般发展；第二类取决于从事工商业的单个企业的资源、它们的组织以及它们的管理效率。我们把前者称为外部经济，把后者称为内部经济。"

所谓内部经济就是指内部规模经济。马歇尔认为它发生的原因主要有以下四点：

（1）专门机械的使用与改良。马歇尔认为，厂商在人类精神推动力的吸引和竞争环境的巨大压力下，对反复出现的工具与操作不断进行改良，从而出现机械化与标准化生产，由此降低了产品的单位成本。

（2）采购和销售的经济。马歇尔提出，大规模生产有利于原材料和销售费用的减少，使产业更加集中，规模效益更加明显。

（3）技术的经济。马歇尔认为分工与专业化的发展，让人们能够较容易地从事技术创新。另外，分工与专业化使劳动者的操作趋向简单和单调的重复，这就为采用大型化、高效率的专用设备创造了条件。

（4）企业经营管理工作的进一步划分。大规模生产使企业经营管理进一步专业化，这样能降低企业管理工作的复杂程度，从而提高企业的效率。

所谓外部经济，就是指外部规模经济。在马歇尔看来，它是指某一经济行为者带来的、其自身又无法占有的利益，这一利益为其他人所获得。尤其是随着整个产业的发展，这种经济往往能因许多性质相似的小型企业集中在特定的地方——通常所说的工业区分布——而获得。马歇尔认为地区专业化的经济性表现在以下五个方面：

（1）可以利用具有比较优势的自然资源、地理资源与人力资源。

（2）可以共享社会生产条件（基础设施），减少对基础设施要求的复杂性，从而节约建设基础设施的费用。

（3）可以形成较为高效的地方劳动力市场。

（4）可以共享辅助行业提供的专门服务。

（5）有利于专业技术的传播和扩散。

马歇尔还进一步探讨了内部经济和外部经济的关系。马歇尔认为，不断发展的经济，虽然对于单个厂商来说是外部经济，然而，对某一个产业或某个产业集团来说，则都是内部经济，甚至对小厂商来说也是适用的。因为把全部具有相同性质的中小厂商集合起来（即马歇尔所说的"工业区"），而且对生产过程中的各个阶段进行专业化的分工，就实现了作为巨型企业特征的规模经济生产。这种外部经济向内部经济动态的转化，就使所有的制造产业都表现为规模效益递增，产品单位成本不断下降，市场占有率则不断提高，其结果必然导致市场结构中的垄断因素增强，而垄断的形成又必然阻碍竞争机制在资源合理分配上所发挥的作用，使经济丧失活力，从而扼杀自由竞争。因此，规模效益递增与自由竞争是不可兼容的，两者的冲突就是规模经济与自由竞争的矛盾，这就是西方产业组织理论中著名的"马歇尔冲突"。

马歇尔本人试图调和两者之间的矛盾。一方面，他宣称所有产业都显示出规模效益递增；另一方面，他又不愿意放弃竞争。马歇尔试图使规模经济和完全竞争在三个不同的渠道上协调起来：

（1）（一些）规模经济对于厂商来讲是外在的。

（2）规模效益递增是动态现象，很久才能反映出它的全部影响，并且有能力的企业家终会离世，因此一个企业不可能长期处在第一流管理之下。

（3）运输成本在某些产业中增长如此迅速，以致限制了各个厂商的市场区域。显然,"马歇尔冲突"既是古典经济学理论内在矛盾发展的必然结果,又是现实经济中垄断和竞争之间的矛盾在理论上的反映。

5.关于竞争与善恶

马歇尔对"竞争"的研究也比较深入,在《经济学原理》导言中,他指出:"竞争可以是建设性的,也可以是破坏性的。"他认为"竞争"这个词充满了罪恶的意味,而且包含着某种自私自利及对他人的福利漠不关心的意思。

马歇尔一方面认为竞争充满了罪恶;另一方面认为限制竞争会生成特权阶级。他说了这么多,实际上是通过评判竞争推出了一个词:经济自由。他认为经济自由是近代企业和产业的特征,不包括任何好的或坏的道德评价的含义,只是一个更有远见及更为谨慎和自由的选择。经济自由的观念实开自由主义之先河。

马歇尔的竞争理论把竞争建立在"恶"的基础之上,最后走向了一个极端,他认为,如果将竞争与为公众利益和义务无私工作的积极合作相对比,那么即使是最好的竞争形式也有害,"在一个人人都十分善良的世界里,竞争就不会存在了"。

显然,在马歇尔的竞争观念中,恶是肯定方面,善是否定方面,当达到尽善时,竞争就不存在了。但我们知道,善恶是相对的,有善就有恶,两者不可能单独存在。没有恶的一面的竞争是不存在的,没有善的一面的竞争也是不存在的。

马歇尔的竞争观没有看到善与恶的对立统一性,没有看到善的竞争和恶的竞争两者的存在,没有动态地、历史地去看竞争的善与恶,对经济自由也陷入了绝对化泥潭,需要扬弃。当然其竞争思想研究是很深入的,表达方式也具有独特性,具有很高的学术价值,读后可以给人们很多启发。

《政治经济学及赋税原理》

大卫·李嘉图

📈 名著速读

《政治经济学及赋税原理》所处的时代背景是 19 世纪初，英国资产阶级革命已经波及各个行业，英国的机器大工业生产普遍建立，怎样使资本主义经济更上一层楼成为当时经济学的主要研究目标。

日益壮大的工业资产阶级强烈要求为自己的发展扫清道路，但由于 17 世纪英国资产阶级革命的不彻底性，政权实际上落在资产阶级化的土地贵族手中。长期以来他们维护旧的政策法令，保护甚至扩大自己的经济利益，限制工业资本的发展，一度存在于资产阶级和土地贵族间的妥协终于破裂了。《政治经济学及赋税原理》正是在这一历史条件下写成的。

《政治经济学及赋税原理》的作者是英国经济学家大卫·李嘉图，本书于 1817 年首次出版，被誉为"继亚当·斯密《国富论》之后的第二部最著名的经济学著作"。它的出版被人们称为"李嘉图革命"。这部伟大著作所阐述的思想至今仍然让人们受益无穷。

《政治经济学及赋税原理》的出版，逐渐被人们认可，该书因此成为畅销书，曾多次再版，成为经济学说史上一部辉煌巨著，是关于政治经济学经典研究方法的基础。这部巨著囊括了古典政治经济学的所有理论，包含了李嘉图的全部思想精粹，成为《资本论》的重要思想源泉，在亚当·斯密和马克思之间建起了一座桥梁。他的比较成本学说早已脍炙人口，形成了 19 世纪关于自由贸易和保护性税收的讨论基础；而他的货币理论，则是现代货币理论的基础。

📈 名著解读

1. 劳动价值论

李嘉图以劳动价值论贯穿其全部理论体系。首先，他接受斯密对使用价值和交换价值的区分，同时批评其断言交换价值很大的东西可能没有使用价值的观点。其次，他正确地指出使用价值虽然不是交换价值的尺度，但对交换价值来说是绝对不可缺少的，一种商品如果全然没有用处，也不会具有交换价值。实际上他认识到了使用价值是交换价值的物质承担者。

古典经济学的一个共同的缺点是不能明确区分交换价值和价值。李嘉图在书中强调只有耗费劳动决定价值，批评了斯密购买劳动决定价值的观点。但是他没有再前进一步把价值和交换价值区分开来，书中常常用"相对价值""比较价值"代替交换价值的概念，用"绝对价值""真实价值"说明相当于价值的内容。在交换价值的概念下讲的内容，有时相当于交换价值，有时相当于价值，这种概念上的混用表明李嘉图感知到了两者的区别，但又始终没有弄清两者的不同含义。

李嘉图认为商品的交换价值有两个源泉：一是它的稀少性；二是获得它时所必需的劳动量。例如，名画、古钱等价值由稀少性决定，不过这类商品的数量很少。书中指出，商品价值由劳动决定的原理只适用于可以由人类劳动不断生产出来，不受限制地参加竞争的商品，这类商品占绝大多数。

李嘉图始终坚持耗费劳动决定价值的原理，批评一切与其相矛盾的观点，进一步阐述了商品价值量与生产时的耗费劳动成正比例，与劳动生产率成反比例的原理。

他着重批评了斯密的三种收入决定价值的观点。他赞成商品价值要分解为三种收入，同时指出不能倒转过来，又认为三种收入构成交换价值，并详细地证明了工资、利润和地租的变动不会影响商品的价值量，只影响三者之间的分配比例。因此，商品价值分解为三种收入，并不改变劳动决定价值的原理。

劳动价值论的反对者说，生产商品，除了需要劳动外，还要有资本参加，因此不可能只有劳动创造价值。书中针对这一观点解释说，商品的价值不仅包括直接投入的劳动创造的价值，还包括生产时耗费的资本的价值；资本就是生产资料，它的价值也是由劳动创造的。他指出，生产资料，如机器的使用能提高劳动生产率，增加商品的使用价值，但不能增加商品的价值，它只是把自身的价值转移到新生产的商品中，由此证明唯有劳动能创造价值。

李嘉图还指出，商品的价值量不是由每个人生产商品时实际耗费的劳动量决定的，同质同量的商品在市场上只能卖相同的价格，商品的价值是由社会必要劳动量决定的。书中这一观点是在论述级差地租时提出的，起初是说农产品价格由最劣等土地生产时花费的劳动量决定，进而推论一切商品的价值都由最不利的生产条件下花费的劳动量决定。这种观点对农产品来说是适用的，但并不符合工业品价值的决定规律。

李嘉图也论及了简单劳动与复杂劳动的计量问题。他指出，在市场上通过竞争、讨价还价，必然会使困难程度较大、技术要求较高的劳动折算为加倍的简单劳动。不过李嘉图并没有说明为什么不同质的劳动会归结为量。

李嘉图在书中把劳动价值论发展到了资产阶级界限内可能达到的最高程度，但由于阶级局限性和历史局限性，他遇到了两个不可克服的矛盾。

第一个矛盾是资本与劳动交换和价值规律的矛盾。书中认为，工人出卖的是劳动，工资是劳动的价格。依据这一观点，如果资本与劳动的交换是等量劳动的交换，就无法说明资本家所得的利润由何而来；如果两者相交换，资本家所得不仅能补偿资本还有利润，那么交换必定是不等价的，这与价值规律是相矛盾的。李嘉图不能区分劳动和劳动力，因而不能对此矛盾做出科学的解释。

第二个矛盾是等量资本获得等量利润和价值规律的矛盾。两个数量相等的资本，有机构成不同，如果剩余价值率相同，按照劳动价值论，两者生产出来的商品必然价值量不同、剩余价值量不同、利润率不同，但书中又认为等量资本获得等量利润是一个普遍的规律。显然，如果满足这一规律的要求，商品就不能按劳动决定的价值出卖，两者存在不兼容的矛盾。书中在考察工资涨落会不会影响商品价值的变动时遇到了这个矛盾，因此误认为在这种情况下价值规律应当进行一定的修正。但为了坚持劳动价值论，李嘉图又宣称这种修正是暂时的例外，不影响价值规律的成立。

2. 分配理论

李嘉图以分配理论作为理论体系的中心。他认为社会总产品要在三个阶级之间进行分配。社会总产品是一个确定的量，在三个阶级之间进行分割，必然表现为三个阶级之间经济利益的对立。他不掩盖利润和工资的对立，而着重分析地租和利润的对立、地租和全社会利益的对立。

李嘉图的分配理论首先从地租开始分析。他一开始就有意识地把地租和劳动价值论联系起来，强调地租不是决定价值的原因，而是农产品价格提高的结果。

书中给地租下定义："地租是为使用土地的原有和不可摧毁的生产力而付给地主的那一部分土地产品。"这个定义的表述显然是不科学的，因为土地上并不存在什么"原有""不可摧毁"的生产力。但从书中的解释可以看出：第一，他认为地主通常的收入并不都具有地租的性质，其中往往包括地主在土地上投资建筑各种设施而获得的报酬，这部分不应看作地租；第二，地租应指单纯由于使用土地而支付的报酬，这是地主没有付出任何代价，仅仅由于对土地的占有而获得的收入。

李嘉图只对级差地租做了论述。他接受了英国经济学家安德森关于级差地租的若干观点，他自己的贡献在于使级差地租理论建立在劳动价值论的基础上。书中对级差地租的考察涉及两种形态。第一种形态是土地肥力和位置不同，在同量土地上投入同量资本，由于劳动生产率不同而形成的级差地租。书中认为，土地数量有限、质量不同，随着人口增加，只耕种好地不能满足需要，因此不得不向肥力差、位置远的土地发展，只要最后投入耕种的土地是社会需要的，其耗费的劳动量就会被承认，农产品价值就由它决定。原先投入耕种的优等的土地能获得超额利润，土地所有权使它转化为级差地租。第二种形态是在同一块土地上追加投资，劳动生产率递减，原先投资和追加投资所形成的劳动生产率的差别，也会形成级差地租。因此，他总结说地租总是由于使用两份等量资本和劳动而获得的产品之间的差额。他反对把地租看成自然的赐予，认为恰恰相反，大自然是吝啬的，自然界中的好地太少，人类为了满足自身的需要，不得不耕种贫瘠的土地，耗费更多的劳动生产农产品。由此，书中坚持地租是劳动的成果，并在价值规律的基础上给予了说明。

李嘉图的地租理论存在的问题如下：一是只讲级差地租，否认绝对地租的存在；二是实际上论述的是资本主义地租，但是误认为该地租是一切社会形态下的地租；三是把级差地租产生的自然条件当作它的原因，不懂得土地所有权的存在才是地租产生的真正原因；四是认为历史上耕种土地总由好地向坏地发展，存在一个下降序列，这不符合历史事实。

关于工资，李嘉图接受了古典学派传统的观点，认为工资是劳动的价值，而不懂得资本主义制度下的工资是劳动力的价值。他认为劳动的价格可分为自然价格和市场价格。劳动的自然价格是让劳动者大体上能够生活下去，并不增不减地延续其后裔所必需的价格；劳动的市场价格是根据供求比例的自然作用实际支付的价格。劳动供不应求时，市场价格上升；相反地，劳动供过于求时，市场价格下降。通过供求波动，市场价格趋向于自然价格。他认为人口繁殖的变化是这趋向的动力。

在资本主义经济中，利润是剩余价值的基本形态。但李嘉图在论述利润时，没有从利润、地租和利息的具体形态中抽象出剩余价值来。关于利润，他有时讲的相当于剩余价值，有时讲的相当于利润，有时讲的相当于平均利润。他把几种含义混为一谈，误导了读者对利润的认识。

书中常常把商品的价值看成一个固定的量，工资和利润是其分割的两部分，两者的数量存在着此升彼降的关系，即工资增加利润下降，工资下降利润增加。这一论述显示出工资和利润的对立关系，揭露了工人和资本家经济利益的对立。但由于书中考察的是在一定价值中工资和利润的分割关系，又认为工资变化主要取决于劳动生产率的变化，所以该论述只涉及相对剩余价值，未涉及绝对剩余价值。

书中还指出了利润率变动的历史趋势。李嘉图认为随着社会的发展，地租有增长的趋势，因此商品总价值在支付地租后剩余的属于资本家和工人的部分逐渐减少。由于劳动的自然价格在一定历史条件下是不变的，剩下来归于利润的部分就会越来越少，他由此得出了利润率有下降趋势的结论。

3. 货币理论

书中的货币理论是在 19 世纪初李嘉图参加英国金价论战中发展起来的。书中以货币数量论论证了在拿破仑战争中英国金价上涨的原因。这一学说认为货币的价值取决于货币的数量，一个国家的货币数量增加，货币的价值就会下降，同时表现为黄金和其他商品价格的上升。货币数量减少则引起相反的结果。由此，李嘉图指出英国当时金价上涨是银行券发行过多的结果。这一结论正确地说明了历史事实，但他运用这一观点时混淆了金属货币和纸币的规律。金属货币本身具有内在价值，不会贬值，而纸币作为金属货币的符号，本身没有价值，无论发行多少，都只等于流通中所需的金属货币的价值。因此，如果纸币发行过多，就会贬值，引起物价上涨。李嘉图看到的实际是银行券发行过多引起的通货贬值，他误认为这是包括金属货币在内的一切货币的规律。

在书中，李嘉图又把货币学说与自己的劳动价值论联系起来。他接受斯密把货币看作商品的观点，指出货币也同其他商品一样，它的价值取决于生产时耗费的劳动量。书中还进一步考察了货币与商品交换时量的比例关系，认为在供求平衡时货币与商品是等价交换的，这时，与一定商品相交换的货币量就表现为商品的自然价格，商品自然价格的变动取决于商品价值和货币价值的变动。当货币价值不变时，商品价值的变动同自然价格的变动成正比；当商品价值不变时，货币价值的变动同自然价格的变动成反比。根据这一见解，书中得出了极其重要的一国所需货币流通量的原理，即假定一国内商品流通量和价值量为已知数，则它所需要的货币量必然取决于其价值。货币本身的价值越大，所需货币量越少；货币本身的价值越小，所需货币量越多，这一观点和货币数量论是矛盾的。

4. 自由贸易理论（比较优势理论）

书中积极主张自由贸易理论。与英国产业革命中扩大对外贸易的要求相适应，李嘉图继承斯密的国际地域分工理论，并将其发展为比较优势理论。斯密的国际地域分工理论是强调各国都根据本国绝对有利的条件生产商品，进行国际交换。李嘉图则认为国际贸易不同于国内贸易。在国内，资本和劳动可以自由转移，形成统一的市场价值；而在国与国之间，劳动和资本的转移受到限制，因此，支配一个国家中商品交换的规律，不适用于国与国之间的交换。在国际交换中，100 个英国人的劳动产品有可能交换 80 个葡萄牙人的劳动产品，也有可能交换 120 个印度人的劳动产品。因此，最有效、最有利的对外贸易原则应是比较成本原则，如英国和葡萄牙两国进行贸易，假定葡萄牙生产一定数量的酒只需 80 个工人一年的劳动，生产一定数量的毛呢只需要 90 个工人一年的劳动，而英国生产同量的酒和毛呢，分别需要 120 个工人和 100 个工人一年的劳动。显然，葡萄牙在生产两种商品上都占优势。按照理想的国际分工，两类商品最好都在葡萄牙进行生产，但由于资本和劳动转移的困难，不可能把两种商品都移在葡萄牙生产，所以根据比较优势理论，葡萄牙可以生产成本最低的酒，英国可以生产成本比较有利的毛呢，两国进行交换，这样双方都能得到利益。这一理论在19世纪初英国扩大对外贸易、占领世界市场中曾起到了积极的作用。

5. 经济危机

该书也涉及了经济危机问题。李嘉图在这一问题上接受萨伊和詹姆斯·穆勒的观点，只承认暂时性的局部性的生产过剩，否认会发生普遍性的生产过剩的危机。这种观点的实质是把资本主义的商品流通仅仅看作物物交换；把资本主义制度下为利润而生产看成为消费而生产；用人们对商品需求的愿望说明受收入限制的市场上的有效要求。总之，他完全抛开了资本主义现实的经济关系，用生产与消费、供给与需求的抽象的统一性，否定了现实的经济矛盾，否定了危机的可能性。

6. 赋税

书中第8章至第18章和第29章都是对赋税的论述。第8章论述了赋税的一般原理，其余各章中论述了农产品税、地租税、什一税、土地税、黄金税、房屋税、利润税、工资税、农产品以外的其他商品税、济贫税和生产者支付的赋税，并着重分析了税收的来源，税收对各阶级收入和发展生产的影响。李嘉图指出："赋税是一个国家的土地和劳动的产品中由政府支配的部分；它最后总是从该国的资本中或是从该国的收入中支付的。"在他看来，任何税收都会使纳税人原来可以支配的一部分资本或收入减少，这就不能不影响他们的生产和消费。但是税收对于一个国家来说又是不可缺少的，因此，税收额应尽量压缩，以减轻人民的负担；税收的数量应限制在一国新增加的资本和收入中，以免侵蚀原有的资本，使生产萎缩、国家和人民陷入贫困的境地。

李嘉图接受斯密提出的"公平、明确、便利、经济"四项税收原则，并据此详细地分析了各种税收的利弊及其对各阶级收入的影响。例如，书中指出产品税、利润税实际上并不由纳税人支付，这种税必然会提高商品价格，转嫁到消费者身上，即实际上由社会各阶级的消费者负担。如果加税的是生活必需品，就会提高工资，因此资本家实际负担的税不仅包括自己用的消费品部分，还包括工人消费的部分，这是不公平的。因此，除产品税外，还应征收地租税、股息税，这样才能达到各阶级均衡负担的目的。一种好的税收政策应该做到各阶级都不能逃避，并且根据财力又都能支付。政府应尽量不要征收那种必然要落在资本上的税，因为这种税会损害维持劳动的基金，减少国家将来的生产。由此可见，书中的税收理论和分配理论的基点是一致的，即主张增加对地主的课税，减轻由资本负担的课税，以维护资本的利益和发展生产的要求。

《经济发展理论》

约瑟夫·熊彼特

名著速读

《经济发展理论》是美国经济学家熊彼特最有影响的著作之一，其全称为《经济发展理论——对于利润、资本、信贷、利息和经济周期的考察》。它被誉为西方经济学界第一本用创新理论来解释和阐述资本主义的产生和发展的专著。

熊彼特写这部著作的年代，正是资本主义工业迅速发展，国民生产总值持续增长，资本主义从自由竞争阶段向垄断过渡的时期。该书从不同的侧面，概括了资本主义产生和发展的主要经济现象，在描述历史发展过程的同时，做了开创性的深刻论述，将历史叙述和理论论证融为一体，体现了熊彼特卓越的文体风格。他在这本著作里首先提出的创新理论，当时曾轰动西方经济学界，为其赢得了广泛而持久的声誉。

现代正统经济学家在他们的系统理论分析中，从不试图分析资本主义的演进过程，这点已成定论，但有一个重要的例外，那就是熊彼特的《经济发展理论》在这方面脱离了传统标准。

《经济发展理论》原书共6章，第1章和第2章论述了从静止状态的"循环流转"到经济发展的根本现象，包括了企业家的特点和功能、生产要素的新组合、创新的含义和作用，以及资本主义的产生。第 3 章、第 4 章和第 5 章则进一步阐述了信贷与资本、企业家利润及资本的利息等问题。第 6 章运用创新理论分析了经济周期的形成和特点。

熊彼特的《经济发展理论》以"对于利润、资本、信贷、利息和经济周期的考察"作为副标题，涉猎范围可谓极其广泛。但是书中最具特色和最引人注目的，还是他所提出的创新理论。他第一次用创新理论来解释和阐述资本主义的产生和发展，认为经济发展的基本因素是企业家的技术革新，从而借以把握资本主义制度的本质。

名著解读

1. 经济循环

熊彼特将社会经济活动区分为两种类型：经济循环和经济发展。他把经济循环模式理解为静态的均衡理论，把经济发展模式理解为动态理论。如果说循环理论是其理论分析的起点，那么可以说发展理论是从此起点发展出来的内容。

经济循环是指经济生活的循环流转状态。假定在经济生活中存在一种所谓"循环流转"的"均衡"状态，则在连续的各个循环期间，任何经济活动都将以同一形式反复进行，人口、欲望状态、地理环境、社会经济组织、生产组织、财货存量等不是完全固定不变的，而是有连续的变化，是微小的与不易察觉的变化，整个社会的经济生活完全处于这种静止的均衡状态。在这样一种静态的社会中，经济主体都得到其欲望的最大满足。在这种情况下，不存在企业家，也没有创新，没有变动，没有发展，企业总收入等于其总支出，生产管理者所得到的只是"管理工资"，因此既不产生利润，也不存在资本与利息。此时的生产过程只是循环往返、周而复始。这其实是一种简单再生产的过程。

2. 经济发展

熊彼特认为，资本主义从本质上来说，不是静止和固定不变的，因此他转向对经济发展动态理论的分析。企业家与创新就是书中第2章所阐述的经济发展的根本现象，也是熊彼特创新理论的本体。

所谓经济发展，是指一个社会的经济活动中一切改变或替代传统方式和打破原来平衡状态的内部变革。经济发展不同于一般的经济增长，这是因为经济增长只是一国经济在某些条件（如人口与储蓄）达到新的均衡位置时所产生的适应性变动。这种变动幅度不大，是原有传统过程的重复和继续，而经济发展则是自发的和突起的变革，它不是重蹈故常的循序渐进，而是另辟路径的冲击或跳跃。发展不是改良，而是革命。

什么是推动发展的力量呢？在熊彼特看来，推动发展的力量有两种：外部力量与内部力量。外部力量是指天时、地利、战争和国家的社会经济政策，它们不是推动经济发展的主要力量；内部力量是指社会消费时尚和偏好、生产要素的数量和质量的变化，以及生产方法的变革。其中，社会消费时尚和偏好主要是由消费品生产者决定的，对于经济变革没有什么影响；而主要由人口与储蓄构成的生产要素，在传统经济的静态均衡条件下一般变化缓慢，劳动力和储蓄比率很小的增长所引起的经济失衡，很容易随时被原有各部门吸收消化而使整个经济重新归于均衡，尤其是储蓄，在传统经济中不存在巨额企业利润的情况下，其每年的消长变化更是微不足道，绝不能成为推动经济发展的力量；至于生产方法的变革，若只是对传统生产过程的不断改进，就不能算是发展，只有生产方法的变革使原料和动力的新的结合过程不是陆续出现而是突然发生的，才能算是发展。这种原料和动力新的结合过程或生产方法，熊彼特称为创新或创造性反应。

创新活动是推动经济发展的力量，则经济的发展过程就是生产方法的变革过程。熊彼特将创新归结为以下五种情况：

（1）生产新产品。

（2）使用新技术。

（3）开辟新市场。

（4）发现和控制原材料的新供应来源。

（5）实行新的企业组织形式。

熊彼特强调，创新、生产要素的新组合与经济发展的组织者是企业家，是各行各业进行创造性活动的奇才异能的人。促使他们进行创新活动的是"企业家精神"，即企业家之所以要创新，目的不仅仅在于营利，更在于建立自己的"独立王国"，在于征服与奋斗，在于同别人较量、一决雌雄，在于为成功而成功。在熊彼特看来，企业家是资本主义的灵魂、是主角，资本家只不过提供货币资本和定期收取利息而已，而资本主义及其发展过程，不外乎是企业家不断破旧与创新的过程。

按照熊彼特的观点，所谓创新，就是建立一种新的生产函数，也就是说把一种从来没有过的生产要素和生产条件的"新组合"引入生产体系。很明显，创新是业主们对环境做出的创造性反应，而他们按照常规进行经营则是一种适应性反应。熊彼特认为创新有三个特点：①创新和科学技术发明并无必然联系，两者不能等同；②创新不限于大企业，也不一定是大规模的；③创新往往被效仿追逐而形成高潮，推动整个经济周期性波浪式地发展。

3. 资本、利润和利息

熊彼特认为，资本就是企业家为了实现生产要素的新组合而把各项生产要素与资源引向新用途的一种杠杆与控制手段。资本不是具体商品的总和，而是可供企业家随时提用的支付手段，是企业家和商品世界之间的桥梁，其职能在于为企业家进行创新而提供必要的条件。然而，企业家资本的来源是什么呢？熊彼特认为，是从银行获得贷款。因为在传统的经济渠道中，已有的储蓄不足以供应创新活动对资金的需要，企业家唯一的办法便是向银行借款。显然，借款是要偿还的，并且是要付利息的。然而，由于企业家具有的知识使其能够看准机会，使创新大大地有利可图，所以利润对于借款的还本付息来说绰绰有余。

接下来，熊彼特又分析了企业家利润及利息的产生。按照熊彼特的观点，只有在实现了创新与发展的情况下，才存在企业家，才产生利润，才有资本与利息。那么，若企业总收入超过总支出，这种余额或剩余就是企业家的利润。熊彼特认为，这是企业家由于实现了创新或生产要素的新组合而"应得的合理报酬"。

有关利息的形成，熊彼特提出了三大要点：

第一，利息实质上来自剩余价值或余额。在正常的经济生活里，除了上述余额或剩余价值外，没有其他的东西能产生利息。而这种余额或剩余价值，正如前面所讲，来自创新所引起的经济发展。因此，在"循环流转"的情况下，也就是在没有经济发展的情况下，就不会有利息。

第二，发展带来的余额或剩余价值，一般分为两类：一类是企业家利润；另一类是同发展本身相联系的结果。很明显，利息不能来自后者，因此利息只有来自也必须来自企业家的利润。利息便是从这种报酬中支付的，就像对利润的一种"课税"。

第三，在通行"交换经济"，也就是商品经济的社会里，利息不是暂时的，而是一种永久现象。

4.经济周期

熊彼特以创新理论为基础阐述了经济周期理论。他认为创新扰乱了现有的经济均衡。企业家因为对新产品、新市场、新的生产方法的开拓，以及对新的原材料来源的控制，在市场竞争上处于有利地位。新产品价格和生产费用之间将出现一个差额，这个差额就是企业利润，归企业家所有。由于有利可图，其他企业纷纷效仿，从而出现了所谓创新的丛生现象，形成经济的繁荣。然而，随之而来的则是经济的衰退。熊彼特列举了萧条发生的三点理由：第一，具有新购买力的企业家，为获得生产手段而展开一场竞争，生产手段的价格也随之提高，旧企业将蒙受损失甚至被淘汰；第二，繁荣经过一段时间之后，新产品将大量出现于市场上，导致物价下跌，繁荣终止；第三，创新的各种成果的出现，将自动而必然地导致信用紧缩，因为此时企业家虽然有偿还其债务的能力，但因要偿还债务而导致其创新能力的消逝，引起经济萧条。这种经济复归均衡的状态被新一轮的创新打败，经济再一次复苏，进入新的繁荣。资本主义经济，正是由于创新的作用，由一个均衡状态进入另一个均衡状态，在反复循环中得到发展的。由于创新的规模及其对经济的影响不同，所以经济周期的长短也不一致。

因此，熊彼特提出了颇具特色的以创新理论为基础的多层次的三种周期理论。他首次提出在资本主义的历史发展过程中，同时存在着长、中、短三种经济周期。

第一种周期是经济长周期，也被称为长波或康德拉季耶夫周期，它是由苏联经济学家尼古拉·D.康德拉季耶夫于1926年首先提出，并以他的名字命名的。每个周期历时50年或略长一点。熊彼特沿袭了康德拉季耶夫的说法，把近百余年来资本主义的经济发展过程进一步分为三个长波，并且用创新理论作为基础，以各个时期的主要技术发明和应用，以及生产技术的突出发展，作为各个长波的标志。

长波 I ——从大约1783年到1842年，是所谓的产业革命时期。这里专指第一次产业革命。

长波 II ——从1842年到1897年，是所谓的蒸汽和钢铁时代。这里所提到的蒸汽与上一时期的技术发明有连贯性。

长波 III ——从1897年到20世纪20年代末首次提出长波理论为止（当时这个长波尚未结束），是所谓的电气、化学和汽车时代。

第二种周期就是通常所说的9年到10年的资本主义经济周期，又被称为尤格拉周期，它是由法国的克莱门·尤格拉于1860年（一说1862年）提出的。在三种周期中，这一种周期是最早被提出的。

第三种周期是大约40个月（将近三年半）的短周期，又被称为短波或基钦周期，它是由美国的约瑟夫·基钦于1923年提出的。

熊彼特认为，上述几种周期并存而且相互交织的情况，正好进一步证明了他的创新理论的正确性。在他看来，从历史统计资料表现出来的这种周期的变动，尤其是长周期的变动，与各个周期内的生产技术革新呈现出相当密切的关系。通常，一个长周期约包括六个尤格拉周期，一个尤格拉周期约包含三个短周期。

《就业、利息和货币通论》

约翰·梅纳德·凯恩斯

〽️ 名著速读

20 世纪 30 年代以前，在西方经济学界占统治地位的是以马歇尔等为代表的新古典学派，他们认为资本主义经济能够借助于市场供求力量自动地达到充分就业的均衡状态。凯恩斯早年曾受马歇尔和庇古等经济学家的熏陶，赞同新古典学派的观点，并一直致力于货币理论的研究。

第一次世界大战结束后，英国遭遇了长期的经济失调和严重的失业，凯恩斯认为这是经济紧缩导致的。因此他极力攻击恢复以前的金本位制，认为此举会导致通货紧缩及国内外相对价格的失衡，从而使英国的出口品价格太高，不利于竞争，而这正是英国经济困境的根源所在。他主张政府采取通货管理政策，通过价格控制（通货膨胀而非通货紧缩）来调整经济。这时，凯恩斯已开始脱离传统经济学的路线。20 世纪 20 年代的失业使他觉得自由经济并非完全能够自我调节，自由放任也不足以带来经济的复兴，但他的这种脱离仍非常有限，其对经济的分析及其政策主张仍以传统的古典经济学理论为基础。不过，面临长期的失业现象，他主张增加公共工程开支，以此来增加就业机会，减少失业，这可以说是第一次冒出"凯恩斯革命”的火花。

1929—1933 年，爆发了资本主义历史上最严重、最持久、最广泛的经济危机，经济萧条，失业严重，传统的经济理论已无法解释大萧条中出现的各种经济现象，更不能为摆脱危机提供“有效的”对策。就是在这种状态下，凯恩斯为了医治资本主义经济病症、寻求摆脱危机的措施，潜心于经济理论的研究，并于 1936 年发表了《就业、利息和货币通论》，此书问世后从根本上动摇了传统经济理论，引起了经济理论上的一场革命。《就业、利息和货币通论》的出版，标志着凯恩斯完成了从传统的古典经济学理论向自己创立的新经济体系的过渡，标志着凯恩斯学说已发展成为一个独立的理论体系。

在《就业、利息和货币通论》中，凯恩斯否定了传统经济学的观点，他指出以往传统经济学中所谓的均衡，是建立在供给本身创造需求这一错误理论基础上的充分就业均衡。他说这只适于特殊情况，而通常情况下则是小于充分就业的均衡，因此他称自己的就业理论才是一般理论，即通论，既可解释充分就业的情况，也可解释小于充分就业的情况。

凯恩斯认为，一国的就业水平是由有效需求决定的。有效需求是指商品总供给价格与总需求价格达到均衡时的总需求，而总供给在短期内不会有大的变动，因此就业水平实际上取决于总需求或有效需求。

凯恩斯认为，之所以出现有效需求不足，是因为“消费倾向”、“对资本未来收益的预期”，及对货币的“灵活偏好”这三个基本心理因素的作用。他指出，总需求是消费需求与投资需求之总和，总需求或有效需求不足是消费需求与投资需求不足的结果。心理上的消费倾向使消费的增长赶不上收入的增长，因此引起消费需求不足。心理上的灵活偏好及对资本未来收益的预期使预期的利润率有偏低的趋势，从而与利息率不相适应，这就导致了投资需求的不足。凯恩斯还认为，心理上对资本未来收益的预期（资本边际效率的作用）在三个基本心理因素中尤为重要，危机的主要原因就在于资本的边际效率突然崩溃。

凯恩斯认为，资本主义不存在自动达到充分就业均衡的机制，因此主张政府干预经济，通过政府的政策，特别是财政政策来刺激消费和增加投资，以实现充分就业。消费倾向在短期内是相对稳定的，因此要实现充分就业就必须从增加投资需求着手。凯恩斯指出，投资的变动会使收入和产出的变动产生一种乘数效应，因此他更主张政府投资，以促使国民收入成倍地增长。

📈 名著解读

1. 有效需求和就业理论

凯恩斯的就业理论是以实现充分就业为目标的，他的逻辑起点是"有效需求原理"。他首先批驳了以往的"经典学派"根据萨伊定律对于充分就业均衡所做的错误假设，指出现实经济生活中不仅存在"自愿失业""摩擦失业"，而且存在"非自愿失业"。这种小于充分就业的均衡通常是存在的，造成这一情况的原因在于"有效需求不足"。

所谓有效需求，按凯恩斯的解释，就是商品的总供给和总需求达到均衡状态时的总需求，即"总需求函数与总供给函数相交点之值"。总就业量决定总需求，而失业是由总需求不足造成的。有效需求表现为收入的消费，当就业增加时，收入也随之增加，而且当社会实际收入增加时，消费也会增加，但不如收入增加得快，因此经常引起需求不足。这是造成小于充分就业的均衡的原因，为此，需要增加社会投资以刺激消费需求的增长，并借此扩大就业量。

有效需求包含两个方面的内容，即对消费物的需求和对投资物的需求。只要找到影响这两个方面需求的变动因素，就可以探寻有效需求不足的原因，于是凯恩斯转向对三大心理规律的分析。

2.三大心理规律

对消费物的需求，取决于"边际消费倾向"，而对投资物的需求，取决于"资本的边际效率"和"货币利息率"，因此凯恩斯提出了三大心理规律：边际消费倾向规律、资本边际效率规律和灵活偏好规律。这是凯恩斯就业理论的支柱。

（1）边际消费倾向规律。凯恩斯把消费倾向看作收入和消费之间的比例关系，那么边际消费倾向则是指增加的收入量和增加的消费量之间的比例关系。

具体而言，边际消费倾向规律就是指随着就业和收入的增加，在收入的增量中，个人用来增加消费的部分越来越少，用来储蓄的部分的比例却越来越大。造成这一现象的原因，在于人性的一些基本动机，如"谨慎、远虑、计算、改善、独立、自豪与贪婪"。这一结果势必带来储蓄绝对额的增加，聚集需求量与实际消费量之间便出现了裂痕。假如储蓄不及时转化为投资，有效需求就会不足，从而减少国民收入水平，造成失业。但是储蓄能否有效地、全部地转化为投资，这又受另外一个规律的影响。

（2）资本边际效率规律。凯恩斯这样来定义资本的边际效率："我所谓的资本的边际效率，等于贴现率，用此贴现率将该资本资产的未来收益折为现值，则该现值恰等于该资本资产之供给价格"。实际上，这就是资本家预期的利润率，即预期收益和供给价格的比率。

资本的边际效率规律具体是指在其他条件不变的情况下，随着资本生产物的增加，资本边际效率呈现递减趋势，这必然导致投资的下降，这是因为资本边际效率是刺激资本家增加投资的动力，加上受肯定性、风险、期望、投资者的态度和信心等因素的影响，更扩大了聚集需求量和现实消费量之间的裂痕。

按经典学派的主张，解决以上裂痕的唯一办法便是降低利息率，可是这又遇到了灵活偏好规律的阻碍。

（3）灵活偏好规律。凯恩斯认为，利息率取决于个人和企业持有货币的愿望和数量。也就是说，货币供应数量影响利率。而灵活偏好则是不同利息率水平上人们对持有货币的不同需求，原因在于人们有货币在手，比较灵活。

人之所以偏好货币，其动机有四个：出于交易的目的；满足日常生活需要；出于预防的目的，以备应付意外的开支；出于投机的目的，即"相信自己对未来的看法较市场上的一般人高明，想由此从中获利"。正因为这样，利率就不可能太低，如果太低，人们就不会放弃这种灵活偏好，而宁愿把货币放在手头随时支用。受灵活偏好规律的影响，投资不足更为严重了。

总之，凯恩斯认为，在资本主义社会，对商品的需求受三大心理规律和货币数量调节，对消费物的需求随消费物生产的增加相对降低；对投资物的需求随投资物生产的增加相对降低；投资取决于资本边际效率和利息率，由于资本边际效率的递减和利息率的提高引起投资障碍，生产就不能扩大到充分就业的程度，失业必然出现。因此，凯恩斯的结论是：增加消费，引起投资，提高资本的边际效率，降低利息率，以克服经济衰退，实现充分就业。

3. 乘数原理

凯恩斯在消费倾向的基础上，建立了一个乘数原理。该乘数原理的经济含义可以归结为：投资变动给国民收入总量带来的影响，要比投资变动本身更大，这种变动往往是投资变动的倍数。

例如，最初投资为 1 000 万元，边际消费倾向为 1/3，通过一系列派生的购买过程，则会使总收入增加 2 倍，从而带来 3 000 万元的效果。在增加的收入中，用于消费的部分越大，投资引起的连锁反应的效果也越显著，总收入增长得也就越快。乘数是边际储蓄倾向的倒数，它的大小取决于消费支出和再支出。一般来说，投资的增加和就业量的增加方向是一致的，假如每增加 1 000 元投资可以增加 100 人就业，如果边际消费倾向为 1/4，那么乘数为 4，结果增加 1 000 元投资就将增加 400 人就业。通过乘数的作用，政府投资扩大就业的能力大大加强了。

在凯恩斯的理论中，乘数原理占有重要地位，它绝不只是一个"数学概念"。用凯恩斯的话来说，它是"整个就业理论中不可或缺的一步，有了这一步，假设消费倾向不变，就可以在总就业量、总所得与投资量之间，建立一个确切的关系"。也正是以此为桥梁，凯恩斯将其经济理论导向经济政策，并用于指导经济实践。

4. 工资与物价理论

庇古的传统就业理论认为，工资率的变动可以自动调节就业量，使之实现充分就业。凯恩斯则认为，工资的削减虽然会对企业产生有利的影响，但货币工资率的全面削减又会影响总需求，使之按比例下降。预期成本降低，于是企业家扩大生产量，可是需求缩减，生产的产品怎么能卖掉呢？因此，从长期看，较大的生产量和就业量只有在总需求增加时才能维持，用削减工资的办法换取好处并非良策。

凯恩斯的物价理论主要分析了总需求的改变与物价水平的改变之间的复杂关系，也就是货币数量的增加不能直接影响物价。货币数量的增加首先会降低利息率。利息率降低，利润率便提高，于是企业投资扩大，投资物的需求增加，随之使国民收入增加。又由于国民收入的增加，通过乘数作用，对消费品的需求也会增加。需求的增加刺激了生产，供给也将增加。需求增加虽使价格提高，但供给扩大又使价格降低。在需求与供给达到均衡状态时，物价不必与货币同比例增加。凯恩斯的物价理论还包括这样的内容：一旦到了劳动供给缺乏时，就不应再增加货币数量，否则将引起真正的通货膨胀。当非自愿性失业广泛存在时，如果不增加货币数量，降低利息率，刺激有效需求，就会形成失业压力，对生产增加形成障碍。因为资本主义社会经常存在一个失业大军，所以增加货币数量，刺激有效需求，从而提高物价就成了凯恩斯实现"充分就业"的重要方法之一。

5. 危机理论

对于资本主义的商业循环，即危机的原因，凯恩斯指出，"危机是从资本之边际效率的变动上产生的"，而资本的边际效率又取决于两个因素：新投资的资本物所获得的一系列未来收益；资本物的成本。凯恩斯认为，利息率上涨的因素"固然有时可使事态严重化，偶尔也发生恐慌"，但他认为那不是典型的形式，"典型的恐慌，其起因往往不是利息率上涨，而是资本边际效率突然崩溃"。

未来收益的预期，一部分取决于资本物的丰裕程度，另一部分取决于企业家的悲观或乐观情绪。危机发生在繁荣后期，按凯恩斯的解释，是由于人们对资本物的未来做了过分乐观的估计，甚至资本物逐渐增加，生产成本逐步提高，利息率上升，也不能阻止投资的增加。当失望来临时，人们对未来收益骤然失去信心，灵活偏好大增，利息率上涨。资本边际效率崩溃加上利息率上涨，会使投资量减退得异常厉害。投资下降的结果，必然会导致总收入和总就业的大幅度降低。

对于危机的周期性，凯恩斯依然以投资、消费和乘数的关系作为根据。他认为危机爆发后，生产收缩，由萧条到复苏的恢复一般需要三年至五年。这其一是因为资本边际效率的提高要以资本物恢复稀少为前提；其二是由于存货。只有经过一段时间以后，资本物的稀缺性恢复了，存货收完了，资本的边际效率才会随之增加，投资才会扩大。投资的增长造成投机的旺盛，经济周期又转入高涨阶级，直到资本边际效率再度崩溃，危机开始重演。为此，凯恩斯反对用高利息率的办法遏制投资。他认为，正确医治商业循环的办法不在于取消繁荣，永远处于萧条状态，而在于消灭萧条，永远处于准繁荣状态。

《博弈论与经济行为》

冯·诺依曼和奥斯卡·摩根斯特恩

📈 名著速读

《博弈论与经济行为》一书被认为是 20 世纪社会科学的经典著作之一，是博弈论（也称为对策论）的奠基性著作，由美国经济学家冯·诺依曼和奥斯卡·摩根斯特恩合著。该书从讨论经济行为出发，说明了建立博弈论的必要性；然后通过细致分析，引出了对博弈概念的公理化描述；接着再系统而全面地建立了博弈理论；最后又回过头来研究经济行为及其他方面的问题，作为理论的直接应用。本书理论建立的线索是：首先，建立二人零和博弈的完整理论；其次，在二人零和博弈论的基础上，建立 n 人零和博弈的理论；最后，证明一个一般的 n 人非零和博弈可以化为一个（$n+1$）人零和博弈。这样，就在理论上解决了一切有限博弈的问题。

该书共分为 12 章：经济问题的描述；策略博弈的一般形式；二人零和博弈：理论；二人零和博弈的例子；三人零和博弈；一般理论的描述：n 人零和博弈；四人零和博弈；关于 $n \geq 5$ 博弈的一些说明；博弈的合成与分解；简单博弈；一般非零和博弈；占优与解的概念扩展。

📈 名著解读

1.经济学和数学的关系

在诺依曼看来，数学在经济学中应用得还不太成功的原因首先在于很多经济学问题往往提得很不明确，常有许多不定因素。其次，在那些问题提得相当明确的地方，由于未能使用合适的数学工具，所以也常常失败。另外，经济学中尚未有系统的、科学的有效观察。因此，很难期望数学能顺利地进入经济研究领域。诺依曼认为，本书的目的不在于经验研究，而是试图从有关人类行为的一般性论点着手，寻找既有助于数学处理，又有重要经济学意义的研究途径。诺依曼认为，要做到这一点，就要发展新的数学方法，甚至创立新的数学分科。诺依曼指出，在社会性交换经济中，其特征与普通的极值问题不同，是多个相互冲突的最大值问题的一种混合。这类问题的复杂性取决于事件参加者的人数。三人博弈与二人博弈根本不同，而四人博弈又和三人博弈情况不一样。如果参加者很多，以致单个人的作用可以忽略不计时，问题反而简单了。有大量参加者的情况，可用经典的竞争理论来解释，而对于经济问题来说，2、3、4……个参加者的情况，并没有完全相同的理论。因此，必须先从有少数参加者的情况出发，逐渐分析有大量参加者的情况，再通过"极限转换"进入自由竞争。诺依曼在论述了为什么把效用函数作为一个数值函数是合理的之后，阐述了什么叫"一个博弈问题的解"。在诺依曼看来，首先应说明什么叫"社会总体的行为标准"。从这个"标准"出发，人们就能对两个社会状态进行比较，比较它们谁优谁劣，或者两者"没有差别"、"无法比较"。所谓问题的解就是某一种状态，从总体上说人们找不到比它更优的其他状态。博弈问题的状态在一个社会经济问题中可理解为一种对资源或利益的分配。

2. 博弈问题的规范化表达

一个博弈问题，可根据有多少个参加者来分类。例如，有二人参加的叫二人博弈，有四个人参加的叫四人博弈。每个参加者有一套自己的策略与代表其利益的支付函数。支付函数的值取决于各个参加者所采取的策略。如果参加者的利益总和为零，如下棋双方的一输一赢或和局，这种博弈称为零和博弈，否则称为非零和博弈。在有的博弈中，参与者都能了解所有情况，则称为"具有完全信息的博弈"，反之则称为"具有不完全信息的博弈"。有的允许参加者相互合作，这称为"合作博弈"，相反的情形则称为"非合作博弈"。诺伊曼用严格的定义与数学方式对它们进行了表述。

3. 二人零和博弈

这里不得不提著名的"冯·诺依曼最小最大定理"。该定理内容大致如下。

在二人零和博弈中，由于两人的支付函数之和为零，故可用一个函数来代表两个人的利益，即函数既表示甲的支付，又表示乙的相应收益。对于甲来说，他采取的策略是保证使其支付得越少越好，然而由于甲不知道乙采取什么策略，于是他采取了一种谨慎的做法，就是对自己采取的所有策略都做了预期最坏的打算：考虑其每一策略都有可能是最大的，而在所有这些最大支付中取最小者，由此可得到甲的所谓"最小最大策略"。同理，可提出对乙的"最大最小策略"。当两者分别采取这样的策略后，由于相互都已考虑了最坏的情况，则最终结果就不会比预期得更坏。一般而言，对于一个二人零和博弈，不一定达到两个人所预期的"最小最大"和"最大最小"的情况。但是，"冯·诺依曼最小最大定理"指出，假如允许考虑所谓"混合策略"，即在博弈中引进概率概念，按照这种观点，博弈中的两人所采取的策略是随机的，如甲采取策略 A 的可能性为 60%，采取策略 B 的可能性为 40% 等，那么在支付函数满足一定合理条件的情况下，甲的"最小最大混合策略"与乙的"最大最小策略"一定能在某个策略组合下达成一致。

4. 零和博弈的引申

诺依曼提出，从二人零和博弈转移到三人零和博弈，使单纯的利害对立退出了问题的核心。在博弈参加者中，出现了挑选同盟者以建立共同利害关系的问题，而这一问题在二人零和博弈中是不存在的，并且随着参加博弈的人数增多，博弈的复杂程度会急剧变化。诺依曼在二人零和博弈论的基础上，建立了 n 人零和博弈的理论，并证明了一个一般的 n 人非零和博弈可以化为一个（$n+1$）人零和博弈。这样，就在理论上解决了一切有限博弈的问题。

《国民经济学原理》

卡尔·门格尔

⋔ 名著速读

奥地利经济学家卡尔·门格尔的《国民经济学原理》是经济科学史上"边际主义革命"的中流砥柱之一。

这部奠定奥地利学派基础的代表作，继承了德国经济学的传统，重视心理分析，把经济学一向注意的欲望分析转到对满足欲望的分析上，批判了价值理论中的客观主义理论。这本著作篇幅不大，却足以同《国富论》《纯粹经济学要义》媲美。

门格尔以人类的欲望及欲望的满足作为基本出发点和最终归宿而展开了他对主观价值论的全面分析，从人们对财货满足递减规律出发，价值尺度由该财货所满足的各种欲望中重要性最小的欲望决定。随后，他以主观价值论为基础，展开对价格的分析，进而论证了商品的概念和货币的起源。最后他以高度的概括结束了对全书内容的阐述。

该书的体系相当完整，作者突出地注意到每个经济范畴之间的关系。因此，该书分析的问题具有高度的连贯性。全书除序言外共有8章：财货的一般理论、经济与经济财货、价值的理论、交换的理论、价格的理论、使用价值与交换价值、商品的理论、货币的理论。门格尔在序言中指出："理论经济学所研究的，只是人类满足其欲望而展开其预筹活动的条件。"这便确定了政治经济学的研究对象。根据其对象，经济学必须使用抽象演绎法，才能完成本身的理论任务。

名著解读

1. 经济和经济财货

门格尔首先提出了财货的概念，它指的是满足欲望的物品。当怀有欲望的人们发现某种物品能满足自己的欲望，并且自己也能够使用这种物品时，这种物品就是财货。

以财货与人类欲望之间关系的亲疏程度为依据，财货可分为许多等级。但大体来说，它可分为高级财货与低级财货。高级财货与满足人类欲望有直接关系，低级财货与满足人类欲望有间接关系。高级与低级是相对而言的概念，如三级财货相对于二级财货就是高级财货，而二级财货相对于一级财货也是高级财货。高级财货的间接作用在转化为直接作用时会受到补充财货的限制，而且它的性质要以低级财货的性质为转移。高级财货与低级财货又同因人类欲望的存在而存在。如果人类的某种欲望消失，与之相关联的任何财货也都不再是财货了。

门格尔从财货谈到了经济财货，凡是供不应求的财货即经济财货。经济财货进一步论证了有限的物质条件为何无法满足无限的人类欲望，这也正是经济财货产生的根源。在人们发现某种财货的供给量无法满足所有人的需求总和时，首先想到的就是先让这些财货满足自己的需求，于是他们就会通过各种办法去占有它。由于每个人都有这种利己主义思想（这是正常的现象），所以为争夺经济财货而发生的冲突也就不可避免了。占有经济财货的人会通过法律或其他强制性手段去保护自己的财货，而未占有经济财货的人也同样会争取获得财货，这就是现代法律秩序的经济根源了。

有些财货由于其供给量大于需求量，就不会发生争端和冲突，这种财货称为非经济财货。这种财货不是人类经济生活的对象，如空气、阳光等，它们不具有排他性。

在经济财货与非经济财货之间并没有明确的界限，它们之间可以相互转化。财货的经济与非经济特点，都不是它本身的属性，而是由人们的主观欲望来决定的，反映的是人的欲望与财货数量上的关系，因此经济财货与非经济财货是可以转化的。

2. 主观价值的理论

门格尔由经济财货谈到了价值理论。他认为，价值起源于经济物品的效用，这种效用是主观的，因此价值的本质也是主观的。但有效用并不等于就有价值，也就是说，只有人们意识到欲望的满足及其满足程度是依赖于他们对某种财货的一定量的支配时，这种财货对于他们才有价值。由此可见，只有经济财货才有价值。效用必须和经济财货在数量上的有限相结合，只有这样，才能形成价值。例如，在沙漠绿洲里，如果居民用的水不存在稀缺，可任意使用、不会枯竭时，则水是没有价值的，也不是经济财货，但是一旦水在量上有限，并且不能满足居民的所有需求时，它就具有了价值。因此，价值不附属于财货，与之没有必然联系，不是财货本质上的属性，更不会独立存在。

门格尔也指出，价值在其决定上也是主观的。不同的财货，其价值因为在满足人类欲望时所具有的意义而有大小之分。一方面，各类欲望的满足对人类福利有不同的意义，如满足衣食住行的欲望相对于满足享乐的欲望而言，其意义更为重大；另一方面，同一欲望的不同满足程度对人类也有不同的意义，如食物满足虽然对人类很重要，但并不等于所有食物都有保持生命的意义。其中有一部分肯定有，但也有一部分只是用来保持健康的，还有一部分是没有用处的。相反，如果人们在吃饱后再去"使用"这一部分，只会带来疾病，可以说是得不偿失了。因此，门格尔指出：在每一种具体情况下，如果人们所支配的财货数量中的一部分量，与各种欲望满足中最小意义的一个欲望满足相互依存，那么他所支配的财货数量的这一部分的价值，一定等于各种欲望满足中那个重要性最小的欲望满足。

3. 交换理论

门格尔接下来对交换和价格进行了论述，指出交换的起源在于人类追求欲望满足要有较大效用。在交换过程中，每一方都会以为自己的物品的价值小于对方的物品的价值，这是很正确的事实，因为不同的人有不同的需求，因此就有不同的价值观念。也正是在这样一种条件下，交换才会存在。门格尔指出，亚当·斯密所认为的交换是因为人们有交易癖好的说法是明显错误的，他对此进行了批判。交换有其界限，当双方都认为自己的物品的价值不低于对方物品的价值时，交换就不再进行下去了。

4. 价格和交换价值

价格就是交换的比率，是人们进行交换和其他经济活动中的一个偶然现象，是人类经济活动中所形成的经济平衡的一个表征。价值既不是由所交换的物品在生产上所花费的劳动来决定的，也不是由生产这些财货的生产费用来决定的，它是由买卖双方讨价还价来决定的。在这一点上，门格尔看到的只是表面现象。

5. 商品和货币

在该书最后，门格尔论述了商品的概念和货币的产生。他认为，商品是用来交换的所有经济财货的转移；商品在性质上不是指财货的属性，而只不过是财货和经济主体之间一时的关系。

所有财货是其所有者用来和其他经济主体的财货相交换的。商品指脱离其所有者到达其他经济主体的转移过程中的财货。由此可见，商品的存在只是一瞬间，只是交易中买卖双方谈判价格后进行交换的那一刹那，没有了这样的交换，商品就无从谈起。

货币的起源也来自于交换。在越来越多的交换中，直接的物物交换存在的局限性越来越突出。于是交换双方都想在时间和空间上把交换分割开来，这时就需要有一种被普遍接受的媒介物来充当临时财货。他们可以把自己的财货换为这种媒介物，在别的地方或在另外的时间再用这种媒介物去换取自己所需要的财货，显然，这样做大大方便了交换的操作，也使交换双方都能获得自己想要的财货，而这种媒介物就是货币。由此可见，货币的出现是与交换相联系的，是为了方便交换的进行，它起到了确定价格指数的作用。

《有闲阶级论》

托斯丹·本德·凡勃伦

名著速读

《有闲阶级论》是美国经济学家托斯丹·本德·凡勃伦的著作，书中内容一如书名所指出的那样，是针对有闲阶级的存在而写的。凡勃伦通过研究制度的起源，观察社会上的经济现象，尤其是上层阶级的有闲特权与消费特征，探讨了制度与经济现象之间的奥妙关系。书中对社会现象、消费行为、人类心理的剖析入木三分，阐明了习惯、文化和制度是如何塑造人类行为，以及人类行为的变化是怎样影响经济的。

对于经济人与有闲阶级，古典经济学家们其实也一直在探究。在他们笔下，人类被描绘成一群理性化的人，在生存竞争中，有些人上升到峰顶，有些人下沉到谷底；成功者能充分享受他们的财富与闲暇，失败者则因自己的无能而忍受贫穷，这都是十分合理的事情。但凡勃伦认为，这种观点没有多少道理，他在某种程度上否定将社会束缚在一起的力量是出于"理性自制力交互运作"，他更不认为闲暇本身比工作更为人所喜好。

凡勃伦在书中力图用进化思想来研究现代经济生活。他认为工业体制要求勤劳、合作、不断改进技术，而统治企业界人士却只追求利益和炫耀财富，这两者的矛盾限制了生产的发展和技术的进步。但随着技术的发展，技术人员的地位也日益重要，一旦这两者相联合，技术人员取得管理社会经济的权力，那么追求利润的"企业主制度"就会被摒弃。这本书曾引起文艺界的广泛兴趣，认为它是对社会的一种讽刺。

著名的经济学家威斯雷·米歇尔曾对他的先师凡勃伦做过以下评论："凡勃伦给世界带来了一种令人困惑的影响——他像来自另一个世界的访客，以超然的眼光，冷静地剖析时下司空见惯之物，他平常思想里所熟悉的一切，就像外力在他身上炼成的奇妙产物一样。在社会科学的领域里，没有其他任何一个心智的解放者，能像他一般摆脱环境的微妙钳制，而在思想探究的领域里，我们几乎再也找不到一个像他一样锲而不舍的人。"

📊 名著解读

1. 有闲阶级的产生过程

凡勃伦认为有闲阶级随财产和财产所有权的出现而出现。《有闲阶级论》将目光延伸到历史的源头，顺流而下，探寻有闲阶级的产生过程。凡勃伦认为，在人类社会的野蛮时代，由于不存在经济特权和社会分工，所以有闲阶级尚未出现，但在这个时代的末期，孕育了有闲阶级的胚胎。到了人类未开化阶段的初期，有闲阶级已经呼之欲出，这时，社会分工已经出现，一部分人开始不从事生产，成了有闲阶级。他们统管政治、战争和宗教等非生产性事务，而且牢牢掌握了对他人的生杀掠夺大权。在人们心目中，他们从事的工作无比光荣神圣，他们的社会地位更是至高无上，不可动摇。在未开化时代的末期，有闲阶级迅速发展壮大，在他们的国家里，有闲阶级和劳动阶级泾渭分明，划分极其严格。

同时，凡勃伦将有闲阶级的起源与财产权私有制的开端结合进行了分析，认为有闲阶级和财产所有权是同时出现的。财产私有制出现以后，人与人之间就发生了占有商品的竞赛。而人们之所以占有财产，财产之所以具有价值，是因为财产可以证明其所有者比社会中其他的人占有优势地位，它是取得荣誉和博得尊敬的习惯基础，是满足自尊心的必要手段。也就是说，占有财产并不是为了剥削别人，而仅仅是为了满足虚荣心和自尊心。

2. 有闲阶级的价值判断

凡勃伦认为，人们之所以要占有财富，成为有闲阶级，其真正动机在于获得荣誉。谁拥有的财富多，谁就是社会的优胜者，不仅其社会地位上升，还可以获得别人的赞誉，从而使其虚荣心得到满足，实现歧视性对比。

在私有财产产生之前的野蛮时代，竞赛、荣誉或歧视性对比的心态就已经存在了。那时候，战争中的胜利及对外掠夺的收获都是部落及其首领显示其武力的方式，荣誉在敌我之间的歧视性对比中体现出来。私有财产产生之后，荣誉和歧视性对比产生于对财产的占有。在有闲阶级看来，财产之所以具有价值，已经不再是因为可以把它作为战斗胜利的纪念，而是因为借此证明其所有人比同一社会中的其他个人处于优势地位。歧视性对比主要是社会成员之间的对比。积累财产成为获得成就与优势的象征，财产的占有是博得声誉和尊敬的基础。

3. 有闲阶级的行为表现

凡勃伦指出，有闲阶级基于歧视性对比摒弃生产劳动，主要从事非生产性的上层阶级事务，该事务归纳起来大致包括政治、战争、宗教信仰和运动比赛；而与之对立的劳动阶级主要从事生产性事务。随着社会发展，运动比赛仍然是有闲阶级的活动内容。

有闲阶级为了炫耀自身的财富与地位，不仅参加大量非生产性休闲活动，而且进行浪费性、奢侈性、炫耀性的消费，因为在有闲阶级看来，明显浪费和明显有闲是有荣誉性的，这是金钱力量的证明，因为归根到底，它是胜利或优势力量的证明。有闲阶级为实现自身的优越感、荣耀感，需要炫耀自身的财富，只有两件事能让其达到这样的目的：大量的闲暇和大量的消费（甚至奢侈消费）。一方面，为了在歧视性对比中显示自己的优越性，有闲阶级必须摒弃劳动，于是有闲阶级将劳动看作有损体面的事情；另一方面，为了显示财产和优越感，甚至出现了不从事生产的主妇和奴仆的"代理有闲"和"代理消费"，以此来加强他们自身的优越感。

4. 制度的产生和演进

凡勃伦对有闲阶级的分析是完全立足于他对制度的产生及其演进的理论的基础上的。

他认为，经济学研究的对象应该是人类经济生活借以实现的各种制度。在他看来，制度是由思想和习惯形成的，而思想和习惯又是由人类本能产生的，因此制度归根结底是受本能的支配。他认为，本能树立了人类行为的最终目的，推动人类为了达到这种目的而做出努力，理智则不过是达到目的的一种方法。个人和社会的行动都是受本能支配和指导的。这些行动逐渐形成思想和习惯，进而形成制度。制度产生之后，就能对人类活动产生约束力，本能所产生的目的就在已经形成的制度中得到实现。

凡勃伦用心理学来解释制度的产生，而用庸俗进化论来解释制度的发展和演进。按照他的观点，制度既然是思想和习惯长期积累的产物，就不可能发生根本性的转变。

　　他认为，生物的生存竞争和优胜劣汰的规律同样适用于人类社会，制度的演进过程也就是人类的思想和习惯的自然淘汰过程，或人类应付外界环境的心理的变化过程。

《财富的分配》

约翰·贝茨·克拉克

📈 名著速读

《财富的分配》一书是美国经济学家约翰·贝茨·克拉克的代表作，他在书中提出了"边际生产力"的理论，奠定了美国经济学的理论基础。全书以静态经济学作为研究的对象，论述了边际生产率说，被誉为"以现代方式出现的第一部主要的美国著作"。

正是这部著作，开创了"美国学派"，同时也使克拉克成为边际学派在美国的创始人。

《财富的分配》一书共分26章。第1～5章分析了分配的一般规律；第6～7章分析了静态经济学说；第8～20章具体分析了分配结构问题；第21～22章分析了经济因果论；第23～24章分析了租金、价值及产品单位问题；第25～26章又回到了静态经济学说。

《财富的分配》一书的目的在于说明社会收入的分配是受一个自然规律的支配，而这个规律如果能够顺利地发生作用，则每一个生产因素创造多少财富就可以得到多少财富。尽管工资可以根据人与人之间的自由磋商来调整，但是由自由磋商产生的工资标准，倾向于和产业中由劳动所生产出来的那一部分产品相等，这是《财富的分配》一书的主张。利息也可以根据同样的磋商来调整，但它自然地倾向于和由资本产出的产品相等。在一切经济组织当中，在出现资产所有权的场合，劳动和资本最终可得到为社会承认的本应归它们所有的收入。每个社会处理这类收入时，总是依照着财产权的原则去寻找方法。如果这个方法没有受到其他阻碍，那么每个人所得到的总是与他生产的相等。

克拉克在《财富的分配》一书中运用了边际分析方法，提出了劳动和资本的边际生产力各自决定工资和利息的分配理论，最早明确地区分了静态经济学和动态经济学，这对 20 世纪 30 年代以来动态经济学的研究和发展起了一定的作用。

在克拉克生活的时代，欧洲仍是经济学思想的中心，但是一支由克拉克率领的美国经济学家队伍迅速地发展壮大起来。

名著解读

1. 分配的地位及其一般规律

"财富的分配"是《财富的分配》一书的主题。克拉克认为，在市场经济中，分配受自然规律调节。自然规律的作用在于把社会总收入分为性质不同的三大部分：工资总额、利息总额和利润总额。这三部分收入分别来源于劳动收入、资本收入，以及雇佣劳动和利用资本的人由于执行某种调和工作而得到的收入。如果自然规律能够发挥作用，则从事任何生产职能应当分配得到的收入量，都将以它实际生产的成果来衡量。每个生产要素在参加生产的过程中，都有其独特的贡献，也都有相应的报酬——这就是分配的自然规律。

2. 社会劳动生产力的决定因素

克拉克认为，社会劳动生产力是由劳动和资本在量上的关系来决定的。资本是一笔永久的生产财富的资金，而不是财富的具体形式。劳动也是一个永久的力量，是永远不能消灭的、永远不会停息的、丰富的人力。人和货物一样是会消失的，但劳动和资本一样，是永久的存在。在产业社会里，这两个永久存在的东西连在一起。这两种永久的生产要素，在形式的变化方面的能力是无限的，至于具体表现形式年年在变化、天天在变化。社会劳动的生产力不过是劳动和资本两种生产要素的结合。

3. 工资和利息的确定标准（边际生产率说）

克拉克沿袭了 19 世纪 70 年代以后广泛流行的边际分析方法，提出了边际生产率说。克拉克认为，从一般的"生产率递减规律"引出了"劳动生产递减规律"。假定资本不变，投入的劳动量多了，则平均每一单位劳动所摊到的设备少了，因此，每一单位劳动生产出来的产品少于从前每一单位劳动的产品。最后增加的一单位劳动是"边际劳动"，"边际劳动"所生产的产品量是"劳动边际的生产率"。

"劳动边际的生产率"不但决定了"边际劳动"工人的工资，还决定了其他同一熟练程度工人的工资。这样得来的工资标准是一个静态的标准。在这种场合，工资决定于"边际生产率"。任何一个单位所得的工资便等于最后一个单位所能创造的产量。